地図:

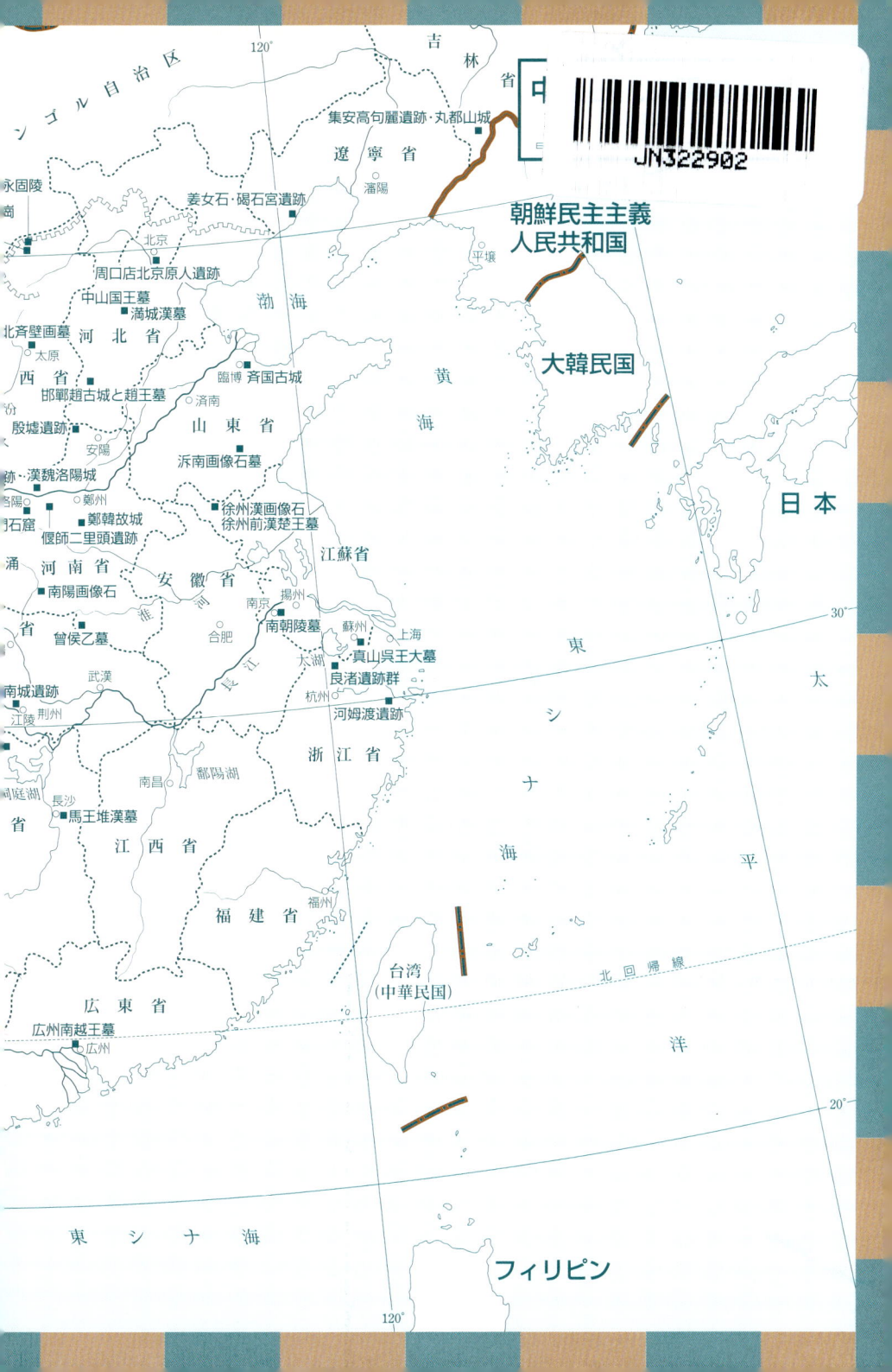

- 吉林省
- 集安高句麗遺跡・丸都山城
- 遼寧省
- 瀋陽
- 姜女石・碣石宮遺跡
- 永固陵
- 北京
- 周口店北京原人遺跡
- 渤海
- 中山国王墓
- 満城漢墓
- 北斉壁画墓
- 河北省
- 太原
- 西省
- 臨淄
- 斉国古城
- 邯鄲趙古城と趙王墓
- 済南
- 殷墟遺跡
- 安陽
- 山東省
- 沂南画像石墓
- 跡・漢魏洛陽城
- 洛陽
- 鄭州
- 石窟
- 鄭韓故城
- 偃師二里頭遺跡
- 河南省
- 南陽画像石
- 安徽省
- 省
- 曾侯乙墓
- 南京
- 揚州
- 合肥
- 蘇州
- 上海
- 江蘇省
- 南朝陵墓
- 武漢
- 真山呉王墓
- 太湖
- 良渚遺跡群
- 杭州
- 南城遺跡
- 江陵 荊州
- 河姆渡遺跡
- 浙江省
- 南昌
- 鄱陽湖
- 長沙
- 馬王堆漢墓
- 江西省
- 福建省
- 広東省
- 広州南越王墓
- 広州

- ンゴル自治区
- 中
- 朝鮮民主主義人民共和国
- 平壌
- 黄海
- 大韓民国
- 日本
- 東シナ海
- 台湾（中華民国）
- 北回帰線
- 太平洋
- フィリピン
- 東シナ海

120°　30°　20°

JN322902

世界歴史の旅

Heritage of
World History
Ancient
Chinese Civilization

中国
古代文明

鶴間和幸・黄暁芬=著

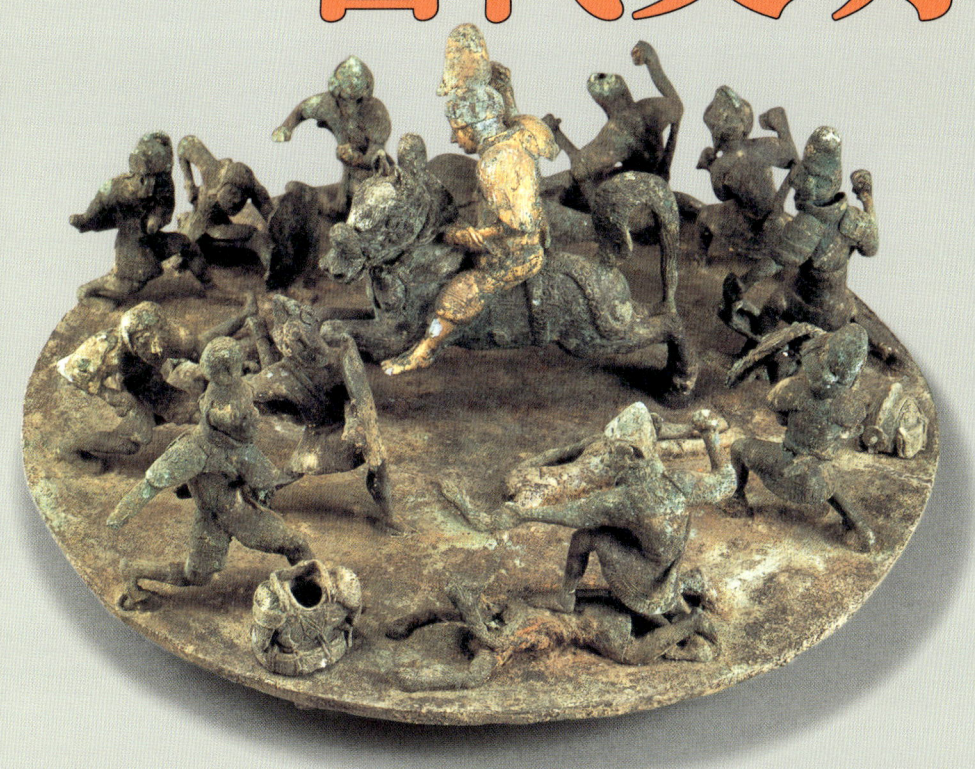

山川出版社

はじめに

　私も黄暁芬氏も1985年以降、秦漢時代を中心に、中国古代文明の遺跡を歩き続けてきた。皇帝陵、都城、治水灌漑施設、長城など『史記』に書かれた世界を現地で確認すると、文字の情報と現地の遺跡からの情報とがぴったりと重なりあい、長年の疑念が一瞬に氷解した経験がよくあった。また逆に、文字情報と違うではないかということもあった。その予想できないところが、現地を歩く楽しさである。

　現地を歩くというのは遺跡だけではない。博物館に展示された遺物、中国では文物といっているものからの情報も欠かせない。出版された博物館の図録はごくごく一部の情報であり、写真からの情報だけではときに誤解することがある。小さな文物を現場でじっくり観察することで、新しい発見がある。訪れた町では、まず博物館がどこにあるのかと尋ねることにしている。無造作に中庭に置かれた画像石に、長年求めていた資料を得たこともあった。

　さらに私の中国歴史の旅は、遺跡、博物館にとどまらない。文献に書かれた現地の自然環境も貴重な情報源である。人間の歴史の営みは自然を離れては起こりえない。どのようなところで農業を始めたのか、どのようなところで戦争が起こったのか、どのようなところに都市を築いたのか。黄土高原、秦嶺山脈、四川盆地、雲貴高原、黄河、長江、渤海沿岸などを回った。歴史的な景観を実感しておくと、文字資料がおもしろいように読み解けることがあった。

　じつは中国歴史の旅は、日本でも行える。2000年以来、「中国文明展」など五つの展覧会の開催に関わってきた。現地から海を渡ってやってきた展示品を、ただ並べるのではなく、展示会場が時空を超えた一つの歴史探索の空間となることを心がけてきた。青銅器・鉄器・玉器・漆器・陶器など考えてみれば、自然資源を素材に人間が手を加えたものである。人間の知恵が自然に働きかける営みが一つ一つの展示品に凝縮している。それを読み取るのも歴史のおもしろさといえる。

　本書はそうした歴史の旅のおもしろさを実践するためのガイドブックでもある。第Ⅰ部は私が執筆し、第Ⅱ部は中国考古学界の事情に精通している黄氏が担当した。また黄氏の持つネットワークで各地の研究者に執筆していただいた。地図・図版は放生育王君（学習院大学大学院生）に協力してもらった。

2006年6月　　　　　　　　　　　　　　　　　鶴間　和幸

目次

はじめに

第Ⅰ部
文明を生み出した中国のあゆみ

1. 中国文明へのアプローチ──6
2. 中国文明の誕生(新石器時代)──10
3. 都市文明の成立(夏殷周)──13
4. 中華世界の興亡(春秋戦国時代)──15
5. 古代帝国の文明(秦漢)──17
6. 胡漢文明と仏教(魏晋南北朝)──20
7. 世界帝国と東アジア(隋唐時代)──22

周原遺跡の風景

第Ⅱ部
中国古代文明を訪ねて

1. 古都西安を訪ねて──26

   黄河文明の原郷──26
   　藍田人発見の地　半坡・姜寨遺跡

   周・秦文化の発達──29
   　周原　澧京と鎬京　秦雍城　秦公1号大墓　咸陽宮〈秦直道遺跡〉阿房宮　鄭国渠　秦の始皇帝陵(酈山陵)〈秦始皇兵馬俑博物館〉〈秦始皇帝陵の陪葬坑──秦帝国の権力の縮図〉

   漢文化の繁盛──40
   　漢長安城〈漢代聖域の方位と景観〉〈漢景帝陽陵の考古学的発見〉〈北周安伽墓〉漢の皇帝陵　司馬遷の墓と祠

   唐帝国の栄華──48
   　隋唐の長安城　大明宮　大雁塔〈唐長安城考古新発見〉小雁塔　華清宮〈中華文明の宝庫　古都の輝き──陝西歴史博物館案内〉〈西安碑林博物館〉〈法門寺の発掘調査と法門寺博物館〉唐代皇帝陵　耀州窯

   シルクロードの玄関──66
   　桜蘭古城　居延甲渠候官・第四隧　敦煌懸泉置　敦煌莫高窟

黄土高原

万里の長城

2. 洛陽・鄭州を訪ねて──70
　王権国家の形成と確立──70
　　鄭州西山　密県古城寨　偃師二里頭
　　偃師商城　鄭州商城　安陽洹北商城
　　安陽小屯殷墟　洛陽東周王城　三門
　　峡（上村嶺）虢国墓　鄭韓古城
　漢・唐文化の開花──79
　　漢魏洛陽城　芒碭山梁国王墓　南陽
　　画像石　打虎亭漢墓　洛陽古墓博物
　　館　白馬寺　永寧寺遺跡　北魏宣武
　　帝景陵　隋唐東都洛陽城　龍門石窟

3. 華北・山東・東北の地を訪ねて──88
　先史文化の華──88
　　陽原泥河湾盆地の石器時代遺跡　周
　　口店北京原人遺跡　武安磁山遺跡
　　城子崖龍山遺跡　陶寺遺跡
　覇を競う東方列強──92
　　藁城台西遺跡　侯馬晋国古城　天
　　馬・曲村の晋侯墓地　臨淄の斉国古
　　城と斉王墓　易県燕下都遺跡　平山
　　県中山国王墓　邯鄲趙国古城と趙王
　　墓

　漢魏、南北朝文化の開花──96
　　北京大葆台漢墓　満城漢墓　章丘洛
　　荘漢墓　双乳山大墓　沂南画像石墓
　　臨沂洗硯池西晋墓　臨漳鄴城遺跡
　　湾漳北朝大墓　大同北魏永固陵・万
　　年堂　北魏貴族大墓　大同雲崗石窟
　　太原北斉壁画墓　青州龍興寺遺跡
　玉龍の故郷を訪ねて──107
　　興隆窪遺跡　東山嘴・牛河梁遺跡
　姜女石・秦漢行宮を訪ねて──109
　高句麗遺跡を訪ねて──110
　　桓仁高句麗遺跡　集安高句麗遺跡

山東省の画像石

春秋時代の青銅器

4. 長江流域——113
　稲作文化の起源を訪ねて——113
　　万年県仙人洞・吊桶環遺跡　道県玉蟾岩遺跡　彭頭山・八十壋遺跡　河姆渡遺跡　余杭莫角山・反山遺跡〈良渚遺跡群〉城頭山古城遺跡〈城頭山古城遺跡の考古学的発見〉石家河古城遺跡〈応城門板湾環濠集落遺跡〉尉遅寺環濠集落遺跡　連雲港藤花落古城遺跡
　長江流域の青銅王国を訪ねて——123
　　樟樹商代呉城遺跡　新干大洋洲商代大墓　広漢三星堆古城遺跡と祭祀坑　成都金沙遺跡〈成都市商業街の戦国早期大型船形棺・独木棺の墓葬〉
　呉・越・楚の郷を訪ねて——128
　　蘇州真山呉王大墓　紹興印山大墓　楚紀南城遺跡〈包山楚墓〉望山楚墓群〈湖北省博物館案内〉曾侯乙墓　棗陽九連墩楚墓
　統一帝国の文化を訪ねて——136
　　広州南越国の官署宮苑遺跡　南越王墓　長沙馬王堆漢墓　里耶古城および出土秦簡　長沙走馬楼簡牘　徐州前漢楚王墓〈徐州博物館〉高郵県神居山広陵王墓　徐州漢画像石　南京鐘山の六朝祭壇　南朝陵墓と石刻
　滇文化の古跡を訪ねて——146
　　滇王国と石寨山遺跡

参考文献
索引

長江の夕暮

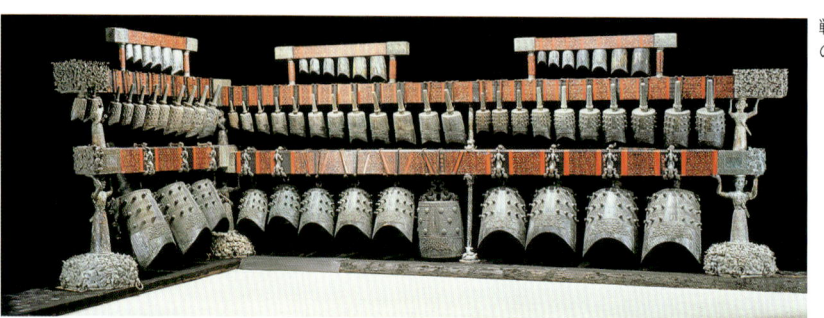

戦国時代の編鐘

第Ⅰ部
文明を生み出した中国のあゆみ

秦の長城　固原

1. 中国文明へのアプローチ

　アフロ・ユーラシアの大陸に東西に広がる世界の四大文明の中で最も東方に位置するのが中国文明である。日本から見ればエジプト、メソポタミア、インダス、中国文明の四つの中では身近な文明といえよう。西方ヨーロッパからこの中国文明を見たときにまず思い浮かぶのは、科学技術の面では、紙・印刷術・火薬・羅針盤といういわゆる世界の四大発明であり、さらに衣食文化の世界に踏み込めば絹・陶磁器・茶という世界に普及した質の高い文明であった。もし四大発明がなければ、ヨーロッパの大航海時代、市民革命の到来はもっと遅れていたかもしれない。もし陶磁器と喫茶の生活文化が定着しなければ、ヨーロッパ人はアジアの市場に関心を持たなかったかもしれない。近代の世界史を変えていったのは、そもそもこうした中国文明の遺産であった。

　西方の人々は中国に対して二つの呼び方を持っている。一つは中国史上最初の統一帝国を建てた秦(チン)に由来するシーナ(ラテン語)、チャイナ(英語)、シーヌ(フランス語)、チン(トルコ語)、スィーン(アラビア語)系統である。もう一つは絹を産する土地という意味で、ローマ人は中国をセーレスと呼んでいた。中国とはあくまでも文明の中心からの呼称であり、周辺からは秦と絹で代表されてきたといえる。西方の人々にとっては、中国は何よりもユーラシア大陸の東端にあり、遠いながらも地続きで行き着く世界であった。エジプト、メソポタミア、インダス文明の延長に、同じアジアの文明として中国を見ようとしたのは、まさに西方人の眼であった。

　さらに東方の日本にとっての隣国中国は、海の向こう側の西方世界であった。日本がユーラシア大陸と陸続きであったのは、人類がまだ誕生していないはるか4000万年も前の時代で、人類が日本列島で生活を始めた頃には、今と同じ島となっていた。日本は「海西」の中国のことを唐土(から)などと王朝名で呼んできた。日本の社会に大きな影響を与えたのは、四大発明よりも漢字・儒教・律令(りつりょう)・仏教(中国仏教)であり、四大文化といったほうがよい。ヨーロッパはたしかに近代社

黄土高原

会を作っていく中で四大発明と出会った。日本はもっと以前の古代国家を作っていく段階にこの中国の四大文化と出会った。紙は媒体として存在するだけで、そこに書かれた情報こそが日本列島の人々の文化を大きく変えた。漢字という中国の文字をとおして多くのものが伝授されていった。日本に律令制国家が形成されたのは、漢字を用いた文書行政が可能となり、中国の律令という法制度を文字として受容したからであった。儒教という礼的な秩序や、国家鎮護をめざした中国仏教も、漢字の書籍や経典によって伝わり、古代の国家を支えるイデオロギーとなった。

　私たちのもっと身近な生活文化にも中国文明は入り込んでいる。箸を使って米や麺を食べて茶を飲む食文化は、中国で生まれて東アジアへと広がった。ところが身近で長いつきあいの文明でありながら、それを生み出した中国という世界への理解は不十分なものであった。理由は、漢字文化圏に育った私たちが、海を渡った漢籍という書物をとおして型にはま

周原遺跡周辺の粟畑

蘭州の黄河

った中国像を描き出し、生きた中国を知ろうとしなかったからだ。すべて既成のものとして中国文明を受け入れ、その文明の生みの苦しみの過程を知らなかった。中国文明の多様な姿、中国文明の多民族的な性格は、中華帝国の一元的な権力の理解だけからはとらえられない。日本では儒教は君臣、長幼の礼的秩序を説く思想と理解されがちであるが、その万民の共同性を主張する側面は受容されなかった。万民を食べさせることができなければ、君主は退位しなければならない。革命思想の厳しさはそれを生み出した中国の風土を知ることなくしては理解しがたい。

　生きた中国文明を知るにはどうしたらよいのであろうか。文明が生み出した遺産を実見し、さらに文明を生み出した自然と人間について肌で感じていくことだ。中国文明の旅にでかければ、海を越えた文明から多くのことを学ぶことができる。

2. 中国文明の誕生（新石器時代）

　中国文明は黄河流域に始まるといわれきたが、現在では多元的に文明が発生したという見方が考古学者の間では通説になっている。多元的な一体化という言葉は中国文明を理解するキーワードとなっている。中国文明の誕生の舞台は、黄河と長江両大河とその支流に広がっている。中国の地形は西高東低であり、西にユーラシア大陸の最高峰の青蔵高原があり、ここに水源を持つ黄河と長江が、はるか6000kmもの旅を経て東の海に行き着く。両大河は上流ではわずか数十キロまで接近し、下流では東方大平原とよべる共通した平原を作っている。この大平原に暴れ龍のように横たわる黄河は、南北に

北京原人の頭蓋骨の発掘された周口店（→p.90）

流れを大きく変え、北は天津、南は淮河や長江下流にまで流れた時代もあった。黄河は渤海と黄海に大量の泥沙を流し続け、三角州の河口や、大陸棚の水面下にも扇状地を作ってきた。長江も黄河にまで及ばないにしても東海（東シナ海）の河口に大量の泥沙によって巨大な三角州を作り出した。中国古代の人々は両大河を江河と並べてよんでいたので（古代には黄河を河、河水、長江を江、江水とよんでいた）、中国文明は江河文明ともいえる。

　農耕や家畜の飼育の始まりは、各地の遺跡で確認できる。野生の生物に手を加えて自然の恵みを引き出そうとする営みが文明の第一歩であった。陝西省西安市の東郊外の小高い丘陵で、半坡と姜寨の二つの集落が発見された。この遺跡によって今から6000年、7000年前の人間の具体的な生活の様子がわかるようになった。集落は5、6mほどの深い濠に囲まれた楕円形の形をしている。100以上の家屋の他に貯蔵庫や豚や犬などの家畜の飼育場がある。人口400～500人ほどの人々が、農業と狩猟、漁労で共同の生活をしていた。中央の広場は彼らの交流の場であり、集落の周囲は、せいぜい800m

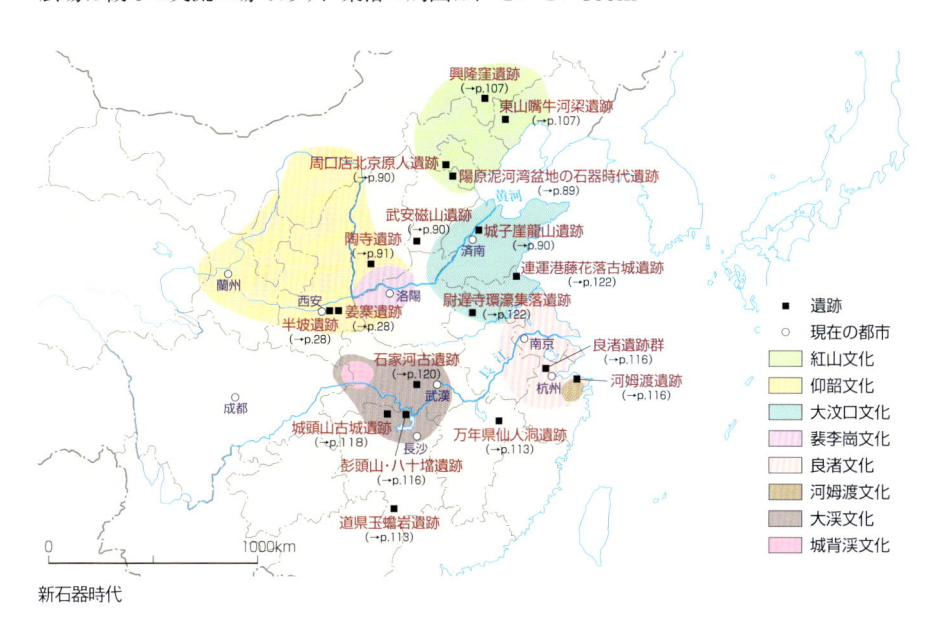

新石器時代

河姆渡遺跡付近の風景（→p.116）

半坡遺跡出土の彩陶（→p.28）

の距離であった。濠は人間の敵から集団を守るというよりも、動物の侵入を防ぐものであった。集落の脇を流れる小さな川は南の秦嶺から流れてくるので、水は今よりもずっと澄んで水量も多く、魚も豊富であった。周囲には緑豊かな森林があり、動物を生け捕ったりすることができた。遺跡からは現在の西安の気候では生息できない亜熱帯性のノロ、竹ネズミ、水牛などの骨が発見されているので、現在よりも温暖多湿の気候であったことがわかる。彩陶という土器には、赤みを帯びた地に独特な幾何学的文様や魚文、人面魚身文が施されている。まだ文字はなく符号が刻まれており、古代人の何らかのメッセージを伝えたものであろう。

　浙江省で発見された河姆渡遺跡は、多湿の風土に適した高床式の木造建築遺構や、大量のインディカ種やジャポニカ種の米が発見され、水稲技術の東アジアへの伝播を考える意味でも重要な遺跡である。同じ浙江省の良渚遺跡では、多くの玉器が出土し、何らかの宗教的な行事を執りおこなっていた階層の存在がうかがえる。文明の歴史は、こうして人間が集団の意志と知恵とをもって自然の資源に働きかけることから始まった。野生の動物を囲い込んで家畜化し、一粒の種を蒔いて多収穫を待つ経済といえる。安定した生産が、貯蓄を生み出した。富の蓄積とともに文明はたしかに次の都市の時代へと進んでいった。

3. 都市文明の成立（夏殷周）

　現代中国語では都市のことを城市というように、中国の都市には城壁が築かれている。都市の生活が始まったことは、農業に従事しない階層が出現したことを意味する。宮殿や祭壇、市場、居住地、墓地からなる都市は、中国では邑といっている。邑は城壁に囲まれた都市に住む人の形を表している。小高い丘陵から広い平原に下りた人々は、城壁を築いて周囲の敵の侵入を防いだ。新石器時代後期から各地で、一辺が100〜400m程度の小さな方形の城壁が出現している。城壁の周囲を歩いてもまだ1km前後の小さなものだ。

　司馬遷の『史記』を読むと、上古史の舞台はたしかに黄河流域である。漢代の河東・河内・河南三郡は三河鼎足（かなえの足）といい、上古王朝のトライアングルともいうべき地である。現在の山西省南部から河南省一帯は、五帝から夏殷周の中心地として本紀に記述されている。この地の都市遺跡を探ることが20世紀中国考古学の重要な課題であった。

　1899年の甲骨文字の発見、1928年の河南省安陽県での殷墟の発見以来、殷王朝の歴史が明らかになり、『史記』の記述の真実性が確かめられた。しかしその前の禹に始まる夏王

殷墟遺跡の車馬坑（→p.75）

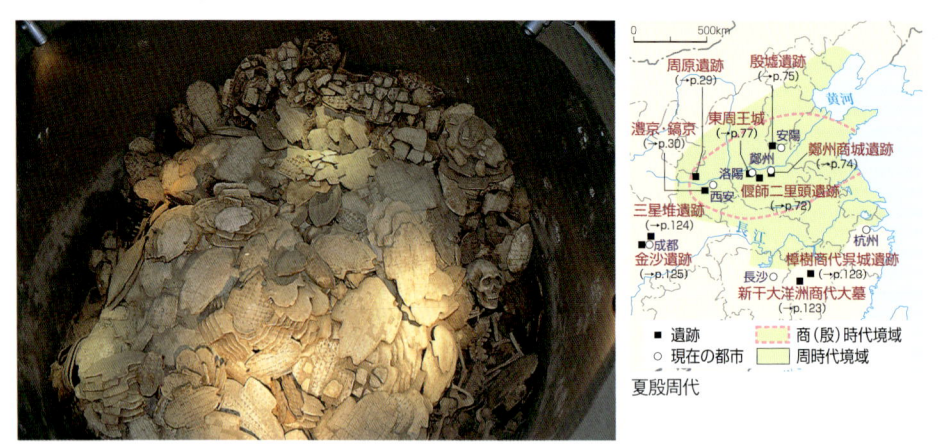

殷墟出土の甲骨（→p.75）

夏殷周代

三星堆遺跡出土青銅立人像
（→p.124）

朝についてはまだ歴史と伝説の狭間にある。
　夏の遺跡として候補にあがっているのは、河南省偃師県二里頭の青銅器と宮殿の遺跡、そして登封県の王城崗の城壁の遺跡である。商代(後期を殷という)に入ると、鄭州城のように一辺が2kmに近く、周囲は歩くと7kmもの巨大なものになった。中国史ではこうした都市国家を邑制国家といっている。夏殷周は都市という「点」が国家であり、都市国家の連合の時代であった。夏殷周の王朝交替は、都市国家連合のリーダーの交替を意味した。
　司馬遷がいうように中国古代の人々は三河地域に中国の中心を求めていた。しかしそれによって黄河流域に中国文明の中心があったというわけにはいかない。1970年代以降の考古学は、黄河流域から離れて地方の時代に入った。1986年に発掘された三星堆遺跡は、四川省の川西平原(四川盆地)にも巨大な城壁を持つ王朝があったことを教えてくれた。祭祀坑から出土した独特の青銅仮面や立人像は、縦目人とよばれていた古代蜀人の姿を見ることができた。文字はなくても、都市は自分たちの文明を地下の遺跡に残していた。

4. 中華世界の興亡（春秋戦国時代）

　中国文明というときの中国とは、現在の中国から過去を投影したものであるが、歴史的概念としての「中国」は文字どおり中央の国のことをいう。その歴史的な中国は、夷狄として区別した周辺地域を絶えず内に取り込んで拡大し、中華世界を生み出した。周王朝の権威がゆらいできた春秋戦国時代（前770〜前221）には、都市は周辺に自己拡張してより大きな領域国家を生み出していった。そうした国家間の摩擦を避けるために、中華という国際秩序が生み出された。中華は華夏ともいい、夏王朝とその始祖の禹王に象徴された。

　中国古代には次のような洪水伝説がある。堯の治める時代、大洪水が天にまではびこり、水は山々を包み丘陵にまであふれて人民を苦しめた。このとき群臣が推薦したのが鯀であった。しかし鯀の治水は9年たっても水が引かず失敗に終わった。その後、堯から舜に禅譲されると、舜は今度は鯀の子の禹を用いて治水をおこなわせた。禹は13年間治水に努め、その間に自分の家の前を過ぎても門に入らなかったという。禹は全国を回ったが、とくに黄河の治水を第一と考えた。黄河は水勢が速いために東方の平原を流れるときに決壊するので、黄河の水を北の高地に分流させ、九つの河道に分けて渤海に流した。

戦国時代の斉王の墓（臨淄二王塚、→p.94）

春秋時代

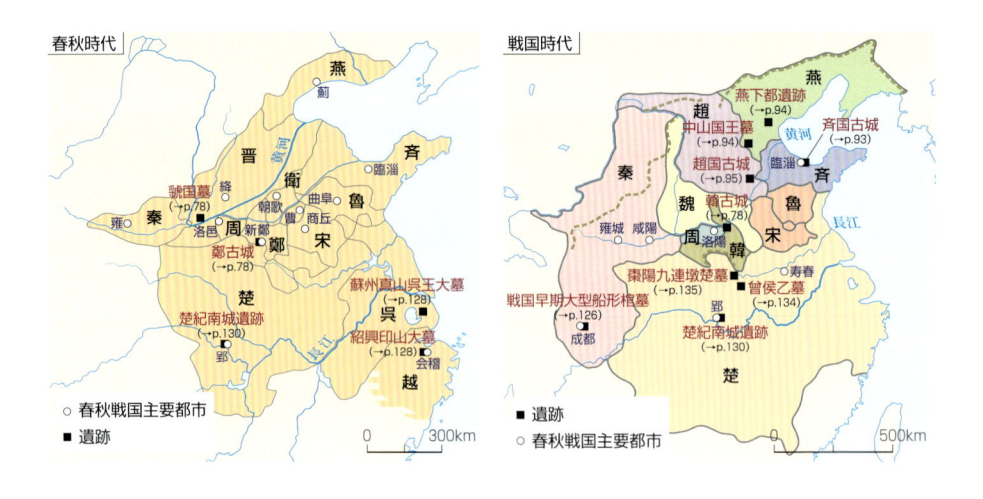

戦国時代

○ 春秋戦国主要都市
■ 遺跡

■ 遺跡
○ 春秋戦国主要都市

春秋時代の越王の墓
(紹興印山、→p.128)

　この伝説は戦国時代(前403～前221)に作られたものである。夏の禹の洪水伝説の背景には、水との闘いを始めた戦国時代の文明の時代がある。鉄器の工具が普及したこの時代、各国は国境に長城を築き、王のために地上に盛り土をもった陵墓を造成し、水利施設を作るなど大土木事業が可能になった。一方家族を単位とした農業も可能になり、戦国国家は耕戦体制をとっていった。

　戦国時代は中原の韓魏趙三国と、それをとりまく秦燕斉楚四国の七雄の興亡期であった。諸国間には中華という国際的な秩序が生まれていたが、やがてそのバランスは軍事的な競合によって崩されていった。古代の帝国主義の時代といえる。10万単位で民衆が兵士として動員されていった。戦国時代の中国は黄河中下流域をさし、周や韓魏趙の地をさした。西戎と見られた秦は中国から西にはずれた国であった。その中国的世界の中心舞台は、黄河と長江が下流に形成した大平原であった。このいわゆる東方大平原は、中国の地形図で見ると、標高100m以下の広大な緑色の平野である。北の北京から南の杭州まで平原を貫通するのちの京杭大運河は1700kmもある。この中国文明の広場ともいうべき舞台がなければ、春秋戦国の諸国間の交流もなかったし、大きな中国を生み出す次の帝国の時代には発展しなかったかもしれない。

5. 古代帝国の文明（秦漢）

　西のローマが地中海世界でローマ帝国を形成した頃、東方でも巨大な秦漢帝国が誕生した。始皇帝は天下を統一したあとに刻石という自らの顕彰碑を各地に建てた。その中に統一までの戦争を回顧した文章が残っている。そこには、「六国（りっこく）の王は民を虐殺するなど道に反した行いをしているので、それをやめさせるために正義の軍隊を出した」と書かれていた。秦が東方の六国、すなわち韓魏趙という中原の三国と、燕斉楚という周辺の三国にしかけた戦争は、秦からみれば正義の統一戦争であった。しかし敗北した六国にとっては当然秦による六国の征服戦争であった。六国を滅ぼした秦は、紀元前221年に統一を果たした。そして、皇帝号や郡県制の採用、度量衡（どりょうこう）・車軌（しゃき）・文字の統一など、次々と統一事業の政策を打ち出していった。しかし広大な中国を統一する事業はそう簡単ではなかった。中国史上最初の皇帝の生涯は激動の時代で

秦始皇帝の兵馬俑（→p.36）

秦漢時代

あった。戦国の一国家秦の王として即位しながらも、東方の六国との戦争に勝利して皇帝として君臨することになり、巨大な帝国を治めることになったが、始皇帝はそのような統一事業の確固としたプランは持ち合わせていなかった。戦国秦の国内でおこなってきた諸政策を六国の占領地に適用していくというのが、統一事業の実態であった。

東方の大平原の西には関中平原(渭水盆地)、川西平原(四川盆地)、江漢平原(長江中流)が連なり、それぞれ歴史的に重要な役割を果たしてきた。とくに東方大平原ににらみをきかせるような位置にある関中平原には、西周、秦、前漢、隋、唐の古代王朝の首都が続けておかれた。さらにその周辺を黄土高原、モンゴル高原などの高原部がとりまいている。秦や北魏、隋、唐の諸勢力の出てきた遊牧民の地域である。

中国史上はじめて成立した統一帝国も、十分な中央集権の支配体制が整わないうちに崩壊してしまった。秦に反発する

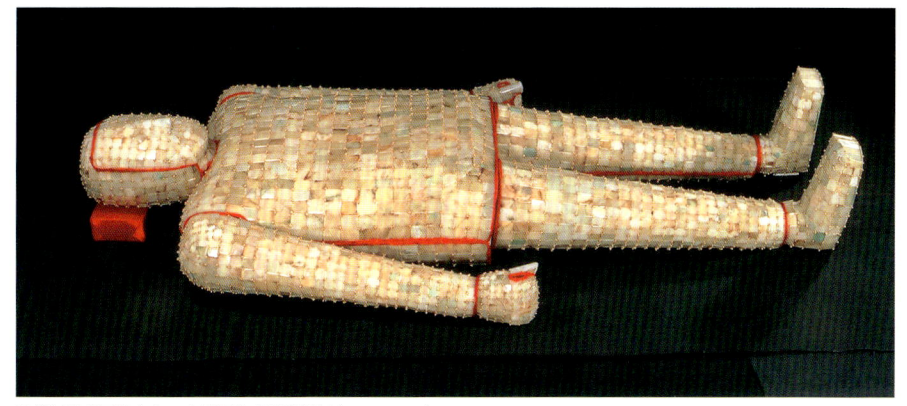

徐州前漢楚王墓出土の金縷玉衣（徐州博物館、→p.141）

勢力が、わずか15年でこの帝国を滅ぼしてしまったのである。新たに出てきた勢力は、秦に滅ぼされた楚の将軍の家に生まれた項羽と、東方の農民の出身であった劉邦である。この楚漢の抗争が5年続き、最後は漢王劉邦が漢帝国を築いた。漢も秦の郡県制を引き継ぎながら、一方でこうした楚の政治も取り入れて郡国制をとった。中央の力が直接及ぶ地域はわずか15郡にすぎなかった。戦国時代の名残が強く、全国を統治するには、いろいろな技術が必要であった。それが帝国という文明である。秦漢の時代は、紀元前後（後2年）の前漢末で5900万の人口をかかえた当時の世界でも有数の帝国を樹立した。これだけの巨大な帝国の運営は約12万の官吏の手に委ねられた。その一つにまとめようとするエネルギーには驚かされる。

　前漢の高祖劉邦（在位前202～前195）も武帝劉徹（在位前141～87）も、また新の王莽（在位後8～23）も、さらに後漢の光武帝劉秀（在位25～57）も、いずれも始皇帝の帝国の遺産を受け継ぎながら、新たな帝国を作り上げようとした。

6. 胡漢文明と仏教（魏晋南北朝）

　北方アジアの乾燥した草原では、羊や馬などを遊牧して生活を営んでいた。彼らは馬に乗って機動力を持つようになってから、騎馬民族として部族連合的な国家を作り、ときには長城を超えて南の農耕地帯へも侵略するようになった。匈奴が南北に分裂して衰退すると、同じ匈奴系の羯、モンゴルまたはトルコ系といわれる鮮卑、チベット系の羌、氐といった遊牧民が台頭してきた。いわゆる五胡諸民族である。彼らが4世紀から次々と中華世界に入り、国家を建てた。

　この時代は秦漢帝国と隋唐帝国の狭間の混乱の時代と考えられがちであるが、そのような眼で見ていたのでは、この時代に生まれた仏像彫刻の美しさなどは理解できない。この時代は胡と漢が直接接触し融合した時代なのである。胡から見れば、遊牧民の文化や国家を華北に樹立した時代であるし、逆に漢から見れば、華北の北朝は異民族国家の乱立であり、南朝こそが伝統的な漢の国家と見える。胡は、中国から見れば西方や北方の異文化をさす言葉である。外来宗教の仏教も胡神とよぶことがあり、とりわけ五胡諸民族は儒教や道教よりも仏教をあつく信仰した。

　五胡のうちの鮮卑のなかに拓跋部という部族がいた。彼らは大興安嶺北部にいて次第にはるか1500kmも南に下り、現在の山西省大同に入った。4世紀末、魏という国を建て、皇帝を名乗り、都も平城とした。439年太武帝のときに五胡諸国を破り華北を統一した。次の孝文帝は中国古代の官僚的政治支配を取り入れ、485年には均田制という土地制度を実施した。均田制とは国家が農民に年齢に応じて土地を支給する制度であり、農民には土地支給の代償として租庸調の税負担を課した。中国王朝のこれまでの土地制度を受け継いでいる面もあるが、やはり胡族の政権として漢人を支配していくためにとった強硬な政策であった。このような制度は隋唐時代の均田制に受け継がれていった。

　その後、北魏は平城から中国古代王朝の伝統的な都の洛陽に移った。長城の近くにあった都を中原の真ん中に移したの

青州龍興寺北魏時代の仏像
（→p.106）

である。同時に積極的な漢化政策をとって胡族の習俗を改めていった。胡姓、胡服、胡語を禁止し、拓跋氏自身も中国風の一字姓の元に改めた。のちの遼、金、西夏、元と北魏との差がここにある。北魏以降の北方の五王朝を北朝という。

一方、五胡諸民族に追われた西晋の一族は、317年建康、現在の南京を都にして東晋を建国した。以後宋、斉、梁、陳と漢族の王朝が交替して続いていった。これらの王朝を南朝と称し、南北朝の対立は約1世紀続いた。

北魏時代に造営の始まった龍門石窟(→p.87)

胡漢文明と仏教(魏晋南北朝) 21

7. 世界帝国と東アジア（隋唐時代）

　6世紀末に南北朝の分裂に終止符を打ったのは、南朝陳(557～589)を滅ぼした隋(581～618)と、そのあとを受けた唐(618～907)であった。隋の楊堅(文帝、541～604)も唐の李淵(高祖、565～635)も、漢族の名族である楊氏、李氏を称していたが、じつはその系図は疑わしく、胡人北族の血を引いていたのである。彼らの先祖の楊氏、李氏はいずれも北魏の旧都平城の北を守る武川鎮にいた軍人から出ていた。楊堅の父は胡姓を持っていたし、楊堅の皇后は北方系の独孤氏で、李淵の母とは姉妹にあたる。彼らは胡漢が融合した家系といえる。歴史学者のウィットフォーゲルは、隋唐を典型的中国王朝としたが、皇帝の出自から見ても、胡漢融合政権といえる。
　隋の煬帝(569～618)は、二分されていた東方大平原の南北に大運河を築き、ふたたび国土にも活気が戻ってきた。
　陝西省の省都西安は、現在でも中国西北部の中心都市として賑わっている。14世紀の明代に作られた城壁に囲まれた都市の地下には、今から1000年以上前に栄えた大唐帝国の首都の歴史が眠っている。渤海(698～926)や新羅(4世紀半ば～935)、そして日本からも最澄、空海、円仁らの僧侶、粟田真人、吉備真備、阿部仲麻呂らの使節が訪れた世界最大級の百万都市は、どのような街であったのであろうか。2004年に西安の東で発見された墓誌には井真成という日本人の名前が記されていた。彼は留学生として唐を訪れ、その大地で帰らぬ身となった。
　中国の歴代の統一王朝は長安、洛陽、開封、南京、北京と古都を移動させてきた。中でも長安に都をおいた王朝は数多く、西周以来秦・前漢・隋・唐王朝の都となった。漢長安城の東南、現在の西安市街地に大唐帝国の首都長安城が築かれた。この地を最初に選んだのは隋であり、都の大興城を築いた。魏晋南北朝期の分裂時代を経てふたたび統一王朝を再建した隋は、西周・秦漢以来の伝統の地を選び、短命政権隋のあとを受けた唐王朝は、ここに300年にわたる首都を造営した。市街地に重なっているために発掘箇所は限られているが、

陶俑

唐三彩

現在まで大明宮の麟徳殿、含元殿、青龍寺、興慶宮、西市、明徳門などが発掘されている。曲江池、大雁塔、小雁塔、開遠門、圜丘壇などには、唐代の面影を見ることができる。

長安城に反映する隋唐という時代は、明らかに千年前に生まれた秦漢帝国の時代とは異なっていた。五胡十六国という遊牧民族の時代を経ているので、北方民族の文化が中華世界を変えていた。中華帝国は多くの民族や文化を取り込みながら拡大して、ついに隋唐帝国は、周辺世界を包み込んで世界帝国として樹立されたのである。秦漢が東アジアの古典文明の時代であるとすれば、隋唐は東アジア各国との外交（冊封体制）をとおして、各地の古代国家形成に直接大きな役割を与えた時代であった。

長安城の周辺には皇帝、皇族から官僚までの陵墓が数多く作られた。その墓室内の壁には極彩色で様々な絵が描かれており、唐という時代の雰囲気をよく伝えている。東ローマや東アジアからの外交使節、儀仗兵、また貴族たちの狩猟、ポロ競技、宴会、舞楽の場面、中には鋤を引く牛耕の場面も見える。地上の遺跡が廃墟となる中で、墓室に封印された空間は、古代世界をいきいきと語るミュージアムとなっている。また高句麗の壁画古墳や日本の高松塚古墳にもつながる、東

高句麗壁画（集安五灰墳5号墓、
→p.112）

アジア文化の源流をここに見ることができる。

　10世紀初頭の唐帝国の崩壊とともに、東アジア全体が激動の世紀に入っていった。渤海が滅んでモンゴル系遊牧民の契丹が遼（916〜1125）を建国し、新羅も滅んで高麗（918〜1392）が建国され、ベトナムでも唐の支配から独立した動きがあった。日本も承平・天慶の乱に見られるように、武士が新たな勢力として出現していった。唐の制度を手本に築いてきた律令制国家も変質していった。

　唐帝国の崩壊後、西安の地には二度と中国統一王朝が置かれることはなかった。長安に代わって選ばれたのは河南省開封の地である。北宋の都開封は黄河下流の喉元にあたり、たえず決壊の危険を持った都市であった。にもかかわらず、この地を首都としたことに、古代都市長安の時代とは異なる、新しい時代の息吹が感じられる。もう唐長安城のような閉鎖的な街路や、太鼓と鐘によって城門を開閉し、夜間の通行を禁止するような管理はなくなった。

第Ⅱ部
中国古代文明を訪ねて

戦国船形棺の発掘現場　成都

1. 古都西安を訪ねて

黄河文明の原郷

　黄河の支流、渭水の南岸に広がる丘陵平野は、先史時代から自然の山水に恵まれ、深い森で覆われていた。旧石器時代の藍田人(約80万年前)や大荔人(約10万年前)がこの大地で足跡を遺している。

　この肥沃な土地は、農耕にも適し、早くも新石器時代に農耕民の定住生活が始まった。仰韶文化の半坡・姜寨遺跡に代表される環濠集落に人々は住み、畑作農業を中心に採集、漁労、製陶などの生業を営みながら、黄河文明の基盤を築き上げた。

＜藍田人発見の地＞ (地p.27)

　西安市街地から南東方向へ西藍高速道路を走り切って約1時間半、黄河流域で発見された最古の人類化石「藍田人化石」の出土地にたどり着く。遺跡は山を背にして灞河をはさむ南北両岸の台地上にある。1963年、北岸の陳家窩遺跡から、約65万年前の人間の下顎骨が発見され、のちに南岸の公王嶺遺跡からもまた、約80万年前の頭骨が出土した。この頭骨化石は骨壁が分厚くて額が狭く、鼻が短く眉骨が太いといった、直立歩行を始めた原人の諸特徴が見られ、藍田人と名づけられた。

　脳容量を比べてみると、現代人が1400cc、北京人が850～1300ccもあるのに対して、藍田人の頭骨化石は778ccしかなく、インドネシアのジャワ原人(775～900cc)の数値に近い。また藍田人遺跡から出土した石英や砂岩製の打製石器も、粗

製の大型チョッパー・スクレーパーや尖頭器、石核、剥片など50点余りで、ごく簡単な加工を施しただけのものが多く、かなり原始的な特徴を持っている。

　一方、藍田人化石と共存する動物化石には、ジャイアントパンダ、オオツノシカ、猿など30種類以上がある。ヒョウ、トラ、猪、ケンシコ（剣歯虎）などの猛獣も含まれ、熱帯森林に住む動物も多いことから、当時の気候は温暖湿潤で、深い森が茂っていたことがわかる。

　現在、公王嶺遺跡には記念碑亭と藍田人陳列室が建てられている。

藍田人化石の出土地

古都西安を訪ねて 27

姜寨遺跡集落復元模型(陝西歴史博物館)　　　　　　　　　　　　　半坡遺跡出土単魚文盆

＜半坡・姜寨遺跡＞ (地p.27)

　黄河流域では8000年ほど前から農耕が始まり、約7000年前には彩陶を特徴とする新石器時代の仰韶文化が広がっていた。この時期の環濠集落を代表する遺跡として重要なのは西安市灞橋区の半坡遺跡と臨潼区の姜寨遺跡である。

　西安市の東約6km、渭水の支流滻河の東岸段丘上にある半坡遺跡は、直径約200mのやや円形の環濠集落である。今から6000年前に遡るこの遺跡からは、住居址をはじめ貯蔵穴、炉址、土器の焼成窯および墓地の発掘が相次いだ。その周りを囲むように幅6〜8m、深さ5〜6mの環濠が築かれている。

　渭水の支流臨河の段丘上にある臨潼区姜寨村でも、半坡遺跡とほぼ同じ時期の仰韶文化を代表する環濠集落が見つかった。ただし、ここは臨河に面した遺跡の西側は崖で自然の障壁となっているため、他の三方が人工の濠によって囲まれている。遺跡の中央に位置する広場が人々にとって重要な場所だったようで、中央広場を数十戸の住居が取り囲んでいる。濠で囲まれた集落遺跡の内側には、住居や貯蔵穴が点在し、住居址の周囲には、幼児を甕に納めて葬った墓もある。

　半坡と姜寨の両遺跡から検出した多量の植物の種や動物の骨などの分析結果によれば、ここに暮らしていた人々は川辺に住むことで水を確保し、アワ農作を基盤としながら、豚、犬などの家畜を飼い、採集や狩猟、漁労もおこなっていたことがわかる。集落ごとで共同して農作業をおこなった村人たちは、環濠を築き、野生動物などの外敵から身を守りつつ、自給自足的な農耕生活で豊かに暮らしていたようである。ときおり広場に集まって様々な儀式をおこなっていたのであろう。

　半坡と姜寨遺跡の墓地は、環濠の外側に集中しておかれる傾向があり、副葬品は土器が主流で、骨や石製の装飾品も少しある。中でも特徴的な人面や魚、鳥を描いたデザインや、抽象的な幾何学文様を持つ多様な彩陶は観る人の目を惹きつける。各墓から出土した副葬品の数量と質には差異が認められず、集落の人々の間に階層差はほとんどなく、血縁関係によって結びついた氏族集団だったことがわかる。

　半坡では、遺跡の保存・整備をかねて半坡遺址博物館が開設され、仰韶文化の竪穴住居や墓、環濠、窯跡および出土遺物の数々を展示するとともに、当時の生活風景を部分的に再現している。04年の発掘調査では、高さ80cmの石柱とその周りに散在する焚き火の跡や土器の埋納坑が見つかり、様々な祭祀儀式がここでおこなわれたことが判明した。

周・秦文化の発達

　陝西省西部の扶風、岐山一帯は、周の王朝文化の発祥地として知られている。大型建築址や墓、青銅器貯蔵坑の数々、また青銅器に鋳込まれた銘文や甲骨文などは周人の足跡を克明に記録している。そして、陝西省鳳翔あたりに春秋戦国の秦が国都雍城を定めた。秦の文化はこの地で培われ、次第に東へ進出した。秦の始皇帝は関中平野（西安東の潼関から西の大散関まで約300km）を拠点として、東方の六国を制覇した。

　今まで深い謎に包まれていた周・秦文化の歴史像は、最近の調査によりようやく黄土大地の中での長い眠りから徐々に蘇ろうとしている。

＜周原＞ （地p.26,30）

　西安市の西約125km、陝西省岐山の麓には肥沃な黄土大地が広がっている。ここはかつて周族の祖先が定住し、紀元前11世紀頃、文王の祖父である古公亶父の時期から西周を通じて周文化の本拠地となり、また周文王が鎬京に遷都する以前の都として知られているため、通常周原とよばれている。

　今の扶風県・岐山県にまたがる斉家溝の東西3km四方の範囲内は、周が商（殷）を滅ぼすまでの周原の中心地である。

　岐山県鳳雛村で発掘された甲組建築址は瓦葺きの屋根を持つ梁柱構造の大型建築群で、前堂・後室を中心に正殿、中庭、東西の廂房、回廊施設からなり、建物の内外には排水道が備えられている。ここの西廂2号室にある貯蔵穴から合計1万7275点の

周原遺跡

占卜甲骨が出土した。中には文字を刻んだ甲骨が292点ある。その記載内容は月象・人名・地名・官名の他、周王の祈願や告げ事などの吉凶を占うものが中心で、殷・周交代期の史実を刻んだ貴重な記録もあった。これらの発掘調査により、この遺跡は周王朝の祭と政事に関わる儀式の場として使われた宗廟建築で、また、建造と使用された時期は、周の武王が商を滅ぼす前後であろうと推定できる。

　一方、扶風県召陳村でも約3000年前の西周後期頃の大型建築址5棟が発掘された。いずれも基壇の上に建てられ、周原宮殿建築群の一部とみられる。

　この二つの大建築址からは軒平瓦・軒丸瓦、半円形の瓦当など、中国最古の瓦が見つかり、その他にも建材類が大量に出土した。それらにより周代では、建築の規模に応じて瓦の規格も異なっていたことが明らかになった。

　周原遺跡からは、まとめて穴に埋められた青銅器（窖蔵ともいう）が多く出土する。扶風県法門郷荘白村の埋蔵坑からは103点もの青銅器がまとまって見つかった。そのうち、銘文が鋳込まれたものが74点あり、中でも284字を数える「史墻盤」の銘文に記された内容は史墻という人物の家系を述べつつ、文・武・成・康・昭・穆の諸王の功績を称えるもので、周の歴史と王朝社会を知るうえでまれにみる重要な史料である。2003年に宝鶏市眉県で発見された「逨

古都西安を訪ねて　29

周原遺跡の周辺

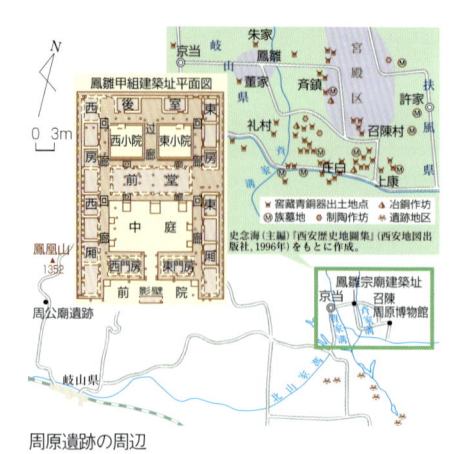

盤」には372字で刻まれた銘文があり、その内容は「逨」の属する「単」氏の一族が西周の歴代の王を助けてきたことが記されている。これらの青銅器は西周末期、犬戎と夷狄の侵略を受けた周王朝が、東方の洛陽に逃走する際、地下に隠した宝器といわれている。

近年、陝西省考古研究所と北京大学により組織された「周原考古隊」が発掘調査を続けている。青銅器や実用の車馬を副葬する貴族墓、また青銅器の鋳型や石器の半製品など多量に出土した生産工房遺跡などの発掘が相次いでいる。2004年には岐山県城の西北8kmに位置する鳳凰山麓の周公廟遺跡で22基を数える王侯クラスの大型周墓の所在が確認された。すでに発掘された32号大型墓には非常にめずらしい黄緑・褐色釉を施した原始磁器(高杯や尊)の破片が760点余り出土した。王墓周辺の多くの地点から760片余りの周代甲骨も発見され、そのうち495字が識別でき、「周公」「太保(周召公)」や「周」「新邑」といった重要な人名、地名および軍事出行などの内容が解読されている。周公廟遺跡には計40基余りを数える建築址の存在が確認されており、その周辺に瓦や磚、空心磚など西周の高級な建材も多量に検出された。これらはみな周文化の謎を解くための重要な鍵といえよう。

現在、周原博物館が扶風県召陳村に開設されたので、周原青銅器の数々や宮殿建材などの展示を見てから、隣接する周原の宮殿建築址を散策することもできる。

＜灃京と鎬京＞ (地p.27)

西安市南西約20km、長安県灃河の東、西両岸の一帯には、西周の都灃京と鎬京の遺跡が地下に眠っている。前1100年頃、西から東へ進出してきた周は、文王の代にその勢力を渭河流域まで拡大し、周原の地から灃河西岸の灃京に都を遷し、東方の殷王朝と対峙した。武王は父文王の遺志を継ぎ、殷王朝の反対勢力を集め、殷を破って周王朝を開いた後、再び都を灃京から灃河東岸の鎬京に移した。鎬京の都は前770年頃、周王朝が洛陽に遷都するまでの300年間続いた。

灃河西岸の馬王鎮客省荘や灃河東岸の斗門鎮花園村一帯からは合計十数棟の大型建築址や陶器・骨器を製作する生産工房、窯跡などが発見され、軒平瓦や軒丸瓦などの建築材も大量に出土した。ただし、前漢の武帝が造営した昆明池によって水没した部分に加え、後世の破壊が著しいため、現状では灃京と鎬京の全体像は明確になっていない。

遺跡内に発掘された西周期の大・小の墓は1000基以上にのぼり、大型墓には車馬坑が付随し、中からは馬車や生埋めにされた馬が検出された。40〜70頭の馬だけを

埋める殉葬も流行したようである。副葬品は青銅礼楽器、武器、車馬器および陶器、玉石器、骨角器など様々である。墓の構造や車馬坑の規模、副葬品の品目と数量などの格差によって被葬者の社会的地位が推定され、西周社会の階級制を知る手がかりとなっている。

　澧河西岸の張家坡村には西周車馬坑陳列館が開設され、実物の展示をとおして西周の王族生活の一面をうかがえる。

＜秦雍城＞ (地 p.26, 31)

　西安市の西約160km、陝西省鳳翔県城の南西一帯は秦の国都雍城の所在地である。文献によれば、春秋秦の徳公元(前679)年から戦国秦の献公2(前383)年まで、約300年間続いた都という。秦の東遷以後、祖廟の地として重視され、始皇帝もここを訪れている。

　雍城はほぼ正方形で、残存高8m前後の城壁で囲まれ、総面積は約10万㎡に及ぶ。城内の西側、姚家崗には春秋時代の宮殿建築址が見つかり、氷室の存在も確認されている。その付近からは銅製のL型・筒型の建築金具や獣面文瓦当など装飾建材の出土が多く、宮殿建築の豪華さを彷彿とさせる。

　城の東南、馬家庄の建築群も春秋時代中・後期のもので、1号建築址は「品」字の形に配され、正殿とその両側に左右対称におかれた東西廂や回廊がある。ここの中庭から牛・羊・人・車を埋めた祭祀坑が181基ほど出土したことから、秦の宗廟建築址の可能性が強いと思われる。

　また、秦の王室陵墓は、雍城南西の三時原にあり、計14カ所の墓域が整然と配置されている。各墓域には大型槨墓を中心に陪葬墓が複数あり、その周りには出入口をもつ環濠が一重ないし二重にめぐらされているのも秦墓の特色である。

　また、高王寺建築址付近では窖蔵の青銅器とともに、秦以外で作られた製品、呉国の青銅鼎や楚国の青銅敦が同所に納められていた。さらに、高庄遺跡でも中山国の青銅鼎が出土した。これらは春秋戦国時代における地域間交流の様子を物語っている。

＜秦公1号大墓＞ (地 p.31)

　陝西省鳳翔県南指揮村には、秦の雍城陵園内で最大の規模を誇る秦の王墓が10年の歳月を費やして発掘された。現在秦公1号墓遺跡博物館となっている。この大墓は東西の墓道を含めて全長300m、墓壙一辺の長さ40～60mあり、深さ24.5mに及ぶ。その中央の王を葬る木槨は、高さ4.2mに達する巨大なもので、これをとりまくように大量の角材の小口を中央に向けて積み重ねた格式の高い作りである。その周りを木炭や粘土でいっぱいに充填し、完

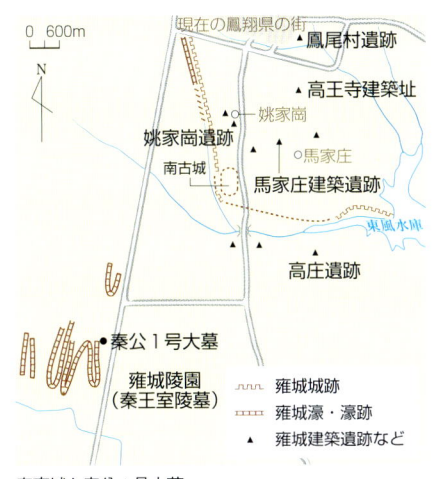

秦雍城と秦公1号大墓

秦公1号大墓

全密封の工夫がなされている。それにもかかわらず、この大墓は漢代から唐・宋時代にかけて盗掘が200回以上にのぼり、槨内副葬品のほとんどが盗まれた。それでも盗掘穴の残留品や166人もの殉葬者の墓に遺された副葬品だけでも、計3500点余りあり、金・銅・鉄製品や陶器、玉石器、漆

秦直道遺跡

張在明
（西安文物保存修復中心・考古研究員）

『史記』蒙恬列伝の記載に、秦始皇35（前212）年、「始皇天下を游らんと欲し、九原道（よ）り直に甘泉に抵（いた）り、迺ち蒙恬をして道を通じ、九原自り甘泉に抵り、山を塹（き）り谷を堙（う）めること千八百里」とありますが、これが有名な秦の直道です。秦代の交通幹線道路の多くは戦国時代にもともとあった道路を利用していますが、直道だけは秦統一後に計画的に施工された南北幹線大道路で、この直道によって、秦帝国の中央の行政を地方に浸透させる効率は格段によくなりました。

考古学調査は上述の文献の記載を裏づけました。秦の直道は陝西省淳化県（昔の雲陽）北部の林光宮（漢代の甘泉宮）北門から始まり、旬邑県と黄陵県の境界を走る子午嶺の尾根に沿って北に向かい、富、甘泉、志丹、安塞、楡林県などを通って内蒙古自治区まで延び、さらに伊金霍洛旗、東勝、達拉特旗を経て包頭に至ります。通路の全行程は直線距離にして約700km、すでに発見された遺跡は全長約750kmです。

通常の道路が一般に河谷に沿って道を選ぶのと異なり、秦の直道はその多くが分水嶺の尾根あるいは高地に沿っています。築造方法はおもに山を削っていきますが、河谷あるいは低い窪みの所だけは、他から掘ってきた土で埋め、つき固めて版築にしています。甘泉西部では、厚さ約30cmの版築で造った、橋を渡したような路盤が発見されました。山間地帯における直道の路面は通常、幅10〜30m、中には幅40〜60mの部分もあります。平坦地では路面も広がり、楡林市北部では幅約160mに達する所もあります。一般に秦の直道の路面はしっかりと地固めされ、その層は厚さ20cmほどになります。路面を堅固にするために、土には石灰やカルシウム結塊などの物質が混ぜ込んであるのです。そのせいか現在でも秦の直道には一種類の特別な草だけが生えていて、路面とその両側の違いをはっきりと際立たせています。

秦の直道の両側からは、秦漢時代の行宮、城址、兵站、関所、のろし台などの遺跡や墓葬があわせて100カ所近く発見されました。

器、絹織物など、当時の最高級のものばかりである。

出土した礼楽器の石編磬残片の表面には、秦の大篆文字が刻まれており、その中には「天子宴喜し、共（龔）公、桓公、これを嗣ぐ、高陽霊有り、四方以て罪（やすらかの意）なり」という銘文が解読される。よって、この大墓の被葬者は共公、桓公のあとを継いだ景公（在位前576〜536）である可能性が高い。

＜咸陽宮＞ (地p.27)

西安の西に隣接する咸陽市窯店郷・正陽郷一帯は秦の国都のあった所である。甘粛東部から興起し、雍城で勢力を蓄えて次第

甘泉の秦直道跡。橋を渡した部分の路盤。

富県帰家湾の直道跡。幅45mある。

陝西省志丹県任窯村と安塞県紅花園村の行宮遺跡はそれぞれ面積が2.8万㎡と10万㎡、ともに直道に隣接し、高さ10cm以上の大型のつき固めた基礎を持ち、大量で規格も大きい空心磚、細長い磚、文字で印のついた瓦と瓦当、陶製の排水管、陶製の井戸枠、礎石などの遺物が残っていました。沿線の兵站遺跡からは銅器や弩機、鏃、刀などの兵器も出土しています。

秦の直道の西側の甘粛省正寧、合水、慶陽県や、東側の陝西省子長県、および秦の直道の起点以南の淳化県南部、涇陽県などからも、一直線上に点在する道路遺跡やのろし台および古城が発見されており、秦の直道の支線があったものとみられています。

秦の直道の設計者は陝西北部と内蒙古自治区南部の黄土高原特有の地形をたくみに利用して、中国古代にはまれに見る、尾根に沿って道を選んだ国家レベルの交通大幹線道路を建設しました。世の中は移り変わり、2000年もの時が流れましたが、この偉大な工事が残した豊富な遺跡や遺物は、中国古代文明の輝きを今に伝えるものでありましょう。

（以下、現地からのコラムの翻訳は鶴間享代）

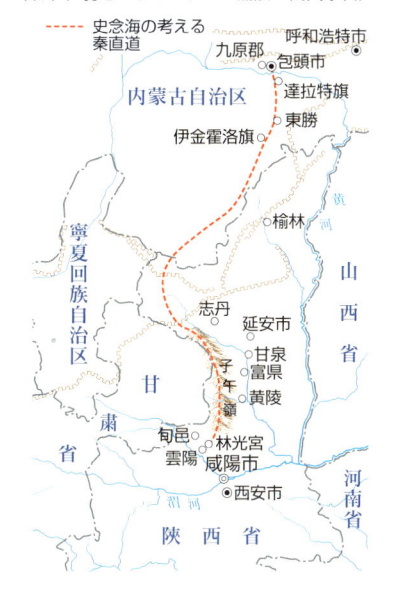

古都西安を訪ねて 33

に東進した秦人は、紀元前350年頃、はじめて関中平野の中心部で国都を定めた。戦国中期頃、宰相商鞅が秦の政治・経済改革をおこなったのもこの地である。秦は東方六国を滅ぼすたびに、その国の宮殿建築の様式を模して宮殿施設を建て増したという。始皇帝がこの地に建てた咸陽宮は、幾度もの拡大工事を経て約150年余り続いたが、秦末、咸陽に攻め入った項羽の軍勢によってことごとく焼き払われた。その後、渭水の侵食によって遺跡の多くが崩壊してしまい、宮城の北壁や宮殿区の一部が残るのみで、咸陽宮の全貌は明らかでない。

窯店郷牛羊村の牛羊溝の東西両側には、計20カ所余りの建物の基壇がある。そこが咸陽宮の宮殿区域にあたる。そのうち、牛羊溝の谷道の西側で1、3号、また東側で2号宮殿建築址が発掘された。1号建築址の基壇は残存高6mで、遺構状況から復元すると、二階建ての建物だったらしい。上層の中央部に正殿があり、廊下を渡って東側のオンドル付の寝室へとつながる。下層は個室が主で、オンドル付の部屋や沐浴室らしい空間もある。また、2号・3号宮殿建築址も殿堂、楼閣、個室からなり、基壇周囲に回廊と排水施設がともに設けられていた。3号建築址の基壇東側にある1室の東西両壁には、秦王出行の車馬行列をモチーフとする壁画が遺っている。鉱物顔料を用いて彩色された人物、車馬、植物、建物などが描かれており、現存する中国最古の宮殿壁画である。現在ここは咸陽宮遺址博物館となっている。

一方、咸陽宮城の南西、渭水の岸辺では窯跡や骨製品の製作工房、銅・鉄の鋳造工房が発見された。秦の手工業生産や技術の進歩を知るうえで欠かせない手がかりである。遺跡からは、龍文ないし神仙騎鳳文を刻んだ空心磚、太陽文方磚や雲文・葵文瓦当などの装飾建材が多量に出土し、咸陽宮高層建築の華麗さが目に浮かぶ。咸陽宮遺跡から出土した青銅詔版、権（重さを量るもの）、半両銭、金銀象嵌帯鉤、透彫玉虎など遺物の数々は、いずれも秦の時代の特徴が色濃く映し出されている。

＜阿房宮＞ (地p.27)

『史記』秦始皇本紀の記載によれば、天下を統一した秦の始皇帝は国都咸陽を渭水の南にまで拡大する一方、紀元前212年、阿房宮の建設を始めた。その前殿の上の階は1万人を座らせることができるほど広く、下の階には12mもある高い旗が立てられたという。あまりにも巨大な規模だったため、ついに始皇帝の生存中には阿房宮の建築は完成することなく、秦末、項羽によって焼討ちされたという。

2200年の歳月を経た今日、この阿房宮遺跡は、西安市街の西約15km離れた三橋鎮の南の畑に横たわっており、古城村、王寺村、和平村という三つの村落にまたがって存在し、これまで北門跡や建築址など計19カ所余りが確認された。残存する阿房宮前殿の版築基壇（東西1320×420m）は約55.4万㎡、高さ7〜9mで、村落全体を覆い隠すほど巨大なものである。その北東には、上天台とよばれる建築址があり、そこには高さ15mほどの基壇が残り、前殿とつながる通路の存在も判明している。

遺跡周辺の麦畑では、焼土の塊や焦げた痕のある遺物が、そこかしこで目につく。それらは秦末という激動の時代を物語って

鄭国渠　取水口付近の涇水

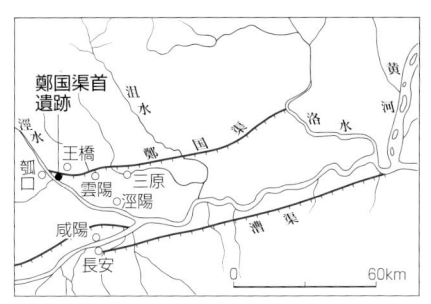

鄭国渠周辺

くれる。

　2003年、中国社会科学院考古研究所と西安市文物保護考古所によって史上初の阿房宮遺跡の発掘調査が実施された。遺跡の南3m余りの外側に、軒丸瓦と軒平瓦が整然と葺いてある秦代の屋根がほぼ完全な状態で見つかった。一方で、建物基壇の上下には焼土の痕跡が見あたらないと報道され、従来の阿房宮前殿の焼失説には大きな疑問が投げかけられ、さらに謎が深まった。これからの発掘に対する期待も高まりそうだ。

＜鄭国渠（ていこくきょ）＞ (地p.27, 35)

　古代中国では、水利事業を治国の大事業として重んじた。戦国時代の秦王政元（前246）年から造営された鄭国渠は、中国史上に名が残る著名な水利施設である。『史記』河渠書によれば、涇水を仲山から瓠口へと引水し、北山に沿って洛水に至るまで、陝西省中部、渭水北東の平野約130kmの農地灌漑にあてた、という。

　鄭国渠の渠首（取水口）遺跡は、現在の陝西省涇陽県王橋郷上然村北の仲山北麓にあり、渠首付近には高さ7m、幅20m、長さ500mほどの渠道も発見されている。涇水を利用する灌漑施設である鄭国渠の渠首は、秦代以後も引き続き歴代の修築事業がおこなわれた。ただし、涇水の水流が河床を浸食するため、渠首の位置は時代がくだるたびに、涇水の上流へと移動した。

　当初、鄭国渠の建設事業は秦の国力を疲弊させようと、韓が謀略を仕立てて水工鄭国を派遣して始まったが、結果的に、関中平野の農地灌漑や土地改良はその水利施設の恩恵を受けた。農耕地は肥沃となり、さらに農具の発達など農法の進歩に伴い、農業の生産力をいっそう向上させた。それらは秦の国力を強める原動力となり、東方六国の統一へと拍車をかけたのである。

＜秦の始皇帝陵（驪山陵）＞ (地p.27, 38)

　驪山陵は西安市の東北約35km、臨潼県驪山北方の畑に広がる始皇帝の陵墓で、中国の陵墓の最大級を誇る。紀元前247年、始皇帝は秦王に即位すると、すぐさま自分の陵墓の造営に着手し、統一後も70万人の囚人を動員して阿房宮の建設と平行して推進したが、亡くなるまでには完成せず、前210年、秦二世の手によって築造はようやく終わった。

　『史記』によれば、陵墓は地下の水脈を三度も突き抜けるほど深く掘り、銅板を敷いて棺と副葬品を収める槨室を造ったという。その内部には、宮殿・楼閣を仕立て、水銀

古都西安を訪ねて　35

を流して川や海をかたどり、機械仕掛けでそれが還流するように工夫を重ねた。埋葬後も数々の財宝を入れ、近づく者がいると矢が飛び出す仕組みを設定した、という。

　この驪山陵は、南にそびえたつ秦嶺山脈、北は黄河の支流渭水が流れている、いわば風水にかなった地である。陵園は南北に長い長方形を呈し、二重の城壁によって囲まれた内・外城からなる。内城の城壁の四面にそれぞれ城門があり、また南・北の2区域に分かれている。南区には一辺約350m、高さ約70mの方墳が築かれ、北区には大小の建築址や陪葬墓が配されていた。地下埋葬施設は未発掘で、詳細不明だが、ボーリング調査で方墳の真下に深さ30m余りの墓壙中央、主体部の四周に日干しレンガを積み重ねた垣壁(東西460×392m、高さ4m)が設けられていることがわかった。

秦始皇兵馬俑博物館

袁仲一
(秦始皇兵馬俑博物館名誉館長)

　驪山陵園の東門から東へ1.5kmほど離れた所に秦の始皇帝の陪葬坑、兵馬俑坑があります。秦始皇兵馬俑博物館は兵馬俑坑の上に建造された遺跡博物館で、1979年に開館しました。発掘をおこないながら同時に一般公開するという形をとり、壮大な兵馬俑の考古発掘現場から新しく出土した遺跡、遺物の全容を参観者の眼前に展示しています。

　1、2、3号兵馬俑坑は1974～76年に相次いで発見されました。1号坑内に埋蔵されている陶俑、陶馬は6000点余り、戦車と歩兵が交互に整列した長方形の軍陣を張っています。2号坑は1400点余りの陶俑、陶馬からなり、戦車と騎兵と歩兵で混成するL字形の軍陣です。3号坑の陶俑、陶馬は70点で1、2号兵馬俑の軍陣を統率する指揮部隊となっています。

　今までの発掘により陶俑、陶馬計2300点、各種青銅器および車馬器4万点が出土しています。陶俑、陶馬の大きさは人間や馬の実物大です。縦横1列に整然と並び、スケールの大きな地下軍団のようです。戦車は一様に木製で(すでに朽ち果てている)前方に4匹の陶馬、車上には御者俑と2点の兵士俑、計3点の陶俑が配置されています。兵士を指揮する車両には御者俑と兵士俑の他、将軍俑があります。車上には鐘や鼓がかけられ、軍隊の進退指揮に使われています。騎兵馬の背中には鞍が彫刻され、頭にはおもがいと手綱がかけられています。騎士俑は片手に弩を握り、もう一方で馬の手綱を引いて馬の前に立っています。

　俑の種類は豊富で、軍吏俑と一般兵士俑があり、軍吏俑はさらに将軍俑と中下級軍吏俑に分けられます。一般兵士俑は、跪射俑、立射俑などそれぞれ異なった姿勢をとっています。陶俑、陶馬は本物の人間や馬をモデルに塑像を作り、正確な姿で表情も一つ一つ異なり、まさに東方芸術の珠玉といえましょう。

　兵馬俑坑の発掘作業は現在も進行中で

その東壁には五つの門があるのに対して、他の三方の垣壁には1門ずつしかないため、陵墓が東向きであることがわかる。

　近年、地球物理学・地質学・考古学などの諸分野の連携によるハイテク技術を駆使した始皇帝陵地下構造の遠隔探査を実施した結果、長方形主体部（東西170×145m）の中には幅15mの版築垣壁（東西145m×125m）が築かれ、高さは30mあり、その中央部に設けられた埋葬空間は東西80m、南北50m、高さ約15mで周りに高さ14mの石垣が築かれていることがわかった。何重もの壁で覆われた頑丈な始皇帝陵の地下空間は、二千数百年の歳月を経ても今なお崩れることがなく埋葬当時の状態を維持し続けている。さらに、墓壙埋土に水銀量の異常反応が確認されたことで、司馬遷の記述が裏づけられた。

始皇帝陵の兵馬俑1号坑

始皇帝陵の動物陪葬坑の発掘現場

兵馬俑博物館外観

す。目下、2号坑の発掘の最中で、すでに数千平方メートルに及ぶ波打つように湾曲した棚木（坑の天井）の遺跡がその姿を現わしています。最近になって、一群の彩色跪射俑が出土し、修復後に公開されました。

　始皇帝の陵園内からは兵馬俑坑の他、銅車馬坑、馬厩坑、珍鳥異獣坑、百戯俑坑、石鎧甲坑、銅禽坑（青銅水鳥坑）など様々な陪葬坑180基余りが発見されています。これらの坑の一部を試掘したところ、銅車馬、百戯俑、石鎧甲などの文物が出土したので、秦俑博物館に特別館を設けて、展示をおこなっています。

　兵馬俑は人類の貴重な文化遺産であり、世界考古史上における偉大な発見の一つであります。毎年200万人にものぼる参観者の前に、秦俑は雄渾かつ鮮やかな姿を見せています。

古都西安を訪ねて ｜ 37

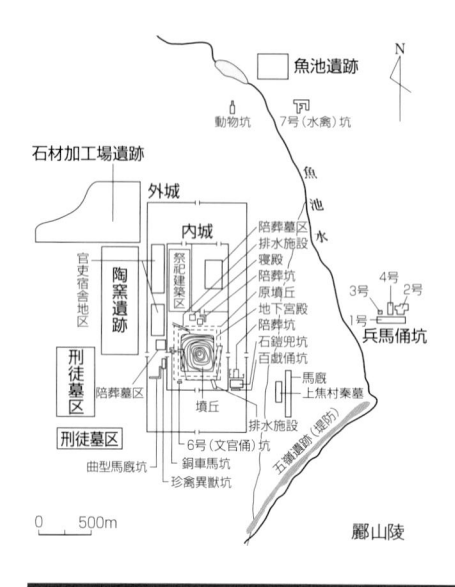

一方、酈山陵の内城北区は仕切り壁によって東、西に分かれ、西半分は回廊付きの大型建築址が整然と配置され、東半分には子がなく始皇帝陵に殉葬された後宮の女性たちの墓が集中している。建築址から円形や五角形の陶製の水道管や礎石が多量に検出された他、径61cmにも及ぶ特殊な夔龍文大瓦当もあり、陵園寝殿建築の荘厳さを垣間見ることができる。

大型建築址の西側、1〜3号建築址の出土遺物の中には陶壺・罐・盆、漆耳杯などの飲食器が多く、「麗山厨」「麗山飤官」と刻まれた陶器や「楽府」銘のある金銀象嵌

秦始皇帝陵の陪葬坑——秦帝国の権力の縮図

段清波（陝西省考古研究所研究員）

中国古代帝国の時代のなかで、秦ほど王朝の歴史を考古学によって解明しなければならない時代はありません。秦の始皇帝陵の陪葬坑は、その数量において前例がなく、文化的にも豊かで変化に富み、いきいきとしていて、秦文化が到達した水準の高さを示しています。さらに重要なことは、帝国全盛期の状態、つまり秦帝国の繁栄期における中央政権および皇帝権力の運営機構が、地下にそのまま再現されていることです。

今まで秦始皇帝陵の区域には、大きさや内容や形状がそれぞれ異なる180基余りの陪葬坑が発見されています。そのうち陵園内には77基、陵園外には104基ありますが、まだこれは始皇帝陵園内の陪葬坑の一部にすぎません。始皇帝陵園区で発見された陪葬坑は、空間的な配置は、決して対称的でも規則的でもありませんが、陪葬坑の

それぞれの地下宮殿からの距離の違いは、そのままその重要度を表しているといえましょう。

＜第1区域：地下宮殿内の陪葬坑＞

秦始皇帝陵の地下宮殿の各層の階段上にはいくつかの陪葬坑が設置され、「奇器珍怪」が埋蔵されています。皇帝の生前の生活に深く関わりのあるあらゆる用具がそろっており、ここから始皇帝その人の興味や関心を見てとることができます。

＜第2区域：内城内の陪葬坑＞

地下宮殿の外周の内城内で発見された陪葬坑では銅車馬が最も有名です。2000年の調査で墳丘の西南の隅から約6000㎡のK0003陪葬坑が発見されました。そこからは精巧で美しい彩陶の皿が出土しましたが、何か厨房と関係があるものだろうといわれています。盛り土の西南のK0006陪葬坑からは、原寸大の陶俑12体が出土しました。この陪葬坑は宮観百官を構成する一部で、中央政権の三公九卿の中で帝国の司法や監

銅鐘などが注目される。これら大小建築址は寝殿建築を中心にした、陵墓の祭祀行事をつかさどる食官らの官舎であろう。

さらに、酈山陵の陪葬坑について、陵園東側で発掘された壮大な兵馬俑行列をはじめ、方墳の西南隅には始皇帝巡遊専用の銅車馬陪葬坑、南側の内外城の間に祭祀坑や珍禽異獣坑、馬厩坑などが数多く発掘された。

その他、酈山陵の造営に関わる施設も数多く存在する。例えば、外城の北東に発掘された魚池遺跡は、陵園建設の際、官邸として利用されたもので、陵園の南東部には酈山陵を洪水から護るための堤遺跡も発見された。外城の西は始皇帝陵の建設に従事した刑徒墓地が散在し、その北に石材工場、陶窯や陵園造営に携わる工人らの住居址があり、始皇帝の陵墓を守る役割の「酈邑」遺跡の存在が安溝建築址の発掘により確認できた。

そして外城の東側は秦二世に殺された始皇帝の諸公子、公主墓や皇室、忠臣らの陪葬墓ならびに陶人・陶馬、または馬を生埋めにした馬厩坑の数々も発掘された。この酈山陵は始皇帝自ら権力の永久不滅を象徴するかのように、空前絶後といえるほど、壮大な複合的陵墓施設を創り出したのである。

獄管理をつかさどった廷尉の官府の機構を象徴しています。この区域内の陪葬坑は、おそらく中央政府および皇宮の職務機能の一部分を表したものでしょう。

＜第3区域：内城と外城の間の陪葬坑＞

曲尺の形をした陪葬坑内で出土した陶俑は高さ1.8〜1.9mで、身には膝丈の長衣をまとい、足には四角く先がとがった履物を履き、頭には長冠をかぶり、両手は上着の筒袖の中で組んで立った姿をしています。蔵儀坑、珍禽異獣坑や新発見のK9801、K9901とK9902陪葬坑とあわせて、宮観百官の一部分と考えてよいでしょう。

＜第4区域：外城の外の陪葬坑＞

陵園の外城の外でも続々と陪葬坑が発見されています。この区域で発見されたのは兵馬俑、馬厩坑、動物府蔵坑と、青銅の水鳥を含む陪葬坑です。そのうち始皇帝陵の東側にある上焦村の馬厩坑が陵園から最も近く、1976年の考古学的調査で98基の陪葬坑が発見されました。発掘中に出土した刻字には「中厩」「宮厩」「三厩」「左厩」「大厩」という5種類の厩苑名がありましたが、これは秦朝の中央の厩苑を象徴しています。現在発掘中の陪葬坑からは、青銅の鶴を含む水鳥や陶俑が出土しております。

始皇帝陵園の外側にもあらゆるものを体系的に埋蔵しようとする思想は、ただたんに衣食住や日常の行動などの生活上の願望を満たすことにとどまっていません。この地上世界における封建的管理体制を、地下の世界に模造しようとしたのです。各陪葬坑は、それぞれ異なった政治機構を表しているものといえましょう。

水辺で遊ぶ青銅の鶴

拝むポーズをとっている陶俑

漢文化の繁盛

　紀元前206年、天下統一をとげた漢王朝は、関中平野の中心部にある西安を都長安に定めた。漢字を用い、儒教を崇拝し、古代律令制度を実施して「漢文化圏」を広げながら、ローマ帝国とともに世界の東西に並び立つ大帝国を創り上げた。

＜漢長安城＞ (地p.27, 40, 48)

　西安の市街地から北西へ3km、渭水の南岸に立地する前漢の帝都である。漢の高祖劉邦(りゅうほう)の7年(前200年)から都の建設が始まり、まず帝国の政治的な中枢である長楽宮(ちょうらくきゅう)、未央宮(びおう)を築き、のちに恵帝が城壁、西市を完成させた。武帝のときにも桂宮、明光宮(めいこう)、建章宮(けんしょう)など皇室の各宮殿の建設が続き、城外の昆明池、上林苑なども造営された。

　漢長安城の平面形はほぼ正方形で、現存する高さ3～10mの城壁で囲まれ、その外周には幅約8m、深さ約3mの環濠をめぐらせている。城壁の四面にはそれぞれ三つの城門を開き、四隅には角楼(かくろう)が設けられた。城内の南部と中部に宮殿区があり、商業・手工業区が城内の北西部に集中し、市民の里居(りきょ)4区が城内の北東部に区画される。城郭内の道路もよく整備され、幅45m前後の大通りが中央につらぬかれていた。この大通りは2本の排水溝で3本に仕切られており、その中央の道は幅20mの皇帝専用道路とされるが、その両側の道幅はともに12mで官吏、市民の歩く道であった。

　これまで、未央宮、桂宮の正殿や宮城の

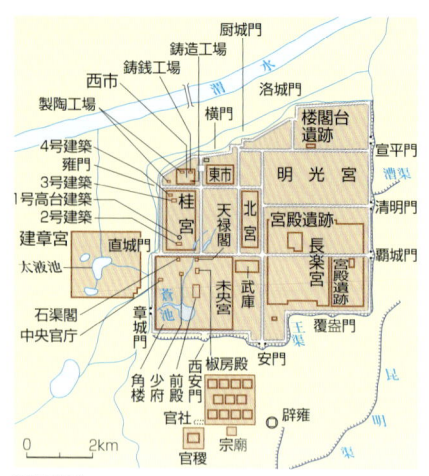

漢長安城

漢長安城遺跡

40

貯蔵施設、武器庫および製陶、鋳銭、冶金などの生産工房跡や窯跡の発掘が相次ぎ、宮室の配置と構造が徐々に明らかになってきた。2001年、桂宮4号建築址から王莽新の時期に造られた泰山での封禅用の玉牒残片が見つかり、浅彫りの篆・隷書で「封壇泰山」「新室昌……」などの文字が鮮明に読み取れる。

2003年の秋から冬にかけて、西安市未央区羅家寨村の北、漢長楽宮西北部にある4号宮殿遺跡が発掘された。高祖劉邦は漢初、ここに居住したことがあり、未央宮の完成後は、皇太后や呂后らの居住区となったという。版築高台造りの宮殿建築址では整然と配列した礎石や床に敷かれた方磚、幾何学文空心磚などがよく残り、隣接している建物の跡から色鮮やかな天井壁画の残片も見つかり、皇室宮殿建築の豪華さを垣間見ることができる。04年冬、4号宮殿遺跡の南に宮廷氷室遺跡も発掘された。現在、遺跡博物館が建設されている。

長安城南の安門から南へ延びる大通りの東側に、特殊な建築址が発掘された。円形基壇の中央に方形基壇（一辺205m）が乗り、

漢代聖域の方位と景観

漢長安城の総面積は約36㎢に及び、その70％までを宮殿建築群が占める。残りの民衆の生活領域を含んだ帝都のプランは現在も明らかになっていない。都城と陵墓は渭河（＝天河）をはさんで南北に配されている。そして城の南の中央正門（＝安門）からほぼ真北に向かって46km隔てた嵯峨郷天井岸村に、五方基壇遺跡（西側500mに謎の巨大な円坑がある）が配置されたことが判明した。城をへだててちょうど正方位（真南）に対置するのが終南山の子午谷で、自然の山峰を漢長安城の南の門闕と見なしたものと考えられる。

前漢帝都の都市プランは、終南山子午谷から五方基壇遺跡まで南北75kmの範囲を意識して、自然山川と人工構造物をうまく調和させ、都城と陵墓によって帝王の生死空間の南北対置を具現したものである。天地の対象的な配置をベースとして、漢帝国の支配の正統性と神聖性とを表象した都城思想や方位決定の技術は、約900年後の古代日本にも受け継がれていったのである。

三原県嵯峨郷天井岸村にある巨大な円坑

漢代人工構造物における南北中軸線の実測図

漢景帝陽陵の考古学的発見

焦南峰
(陝西省考古研究所所長)

　陽陵は前漢九陵の中では最も東に位置する陵墓で、東は「涇渭之会（涇水と渭水の交差地）」、北は涇河に臨み、南は渭河をはさんで長安城と対峙し、西は前漢高祖の長陵に隣接しています。1990年代から陝西省考古研究所により、陽陵の大規模な考古学的調査がおこなわれていますが、これは前漢皇帝陵の中でも、最大規模の発掘研究です。発掘により、皇帝陵が四方をしっかりと取り囲まれて守られており、陵全体は南北に対称で、東西に相連なる構造を持つことなどがわかりました。また、皇帝陵の南門闕・陪葬坑・羅経石遺跡や陪葬墓園・陽陵邑の発見とその発掘は、漢代の皇帝陵に関する空白部分を補塡し、漢代の皇帝陵制度、さらには中国古代の皇帝陵制度の解明に重要な手がかりとなる材料を提供することができました。ここではその一部をご紹介しましょう。

　東西約6km、南北1〜3kmの陵園の中央西寄りに皇帝陵があり、その四隅に皇后陵・南区陪葬坑・北区陪葬坑・1号建築の基礎などが分布しています。

　皇妃の陪葬墓と徳陽宮(廟)は皇帝陵の南と北側に左右対称に位置しています。皇帝陵の西側には刑徒墓地、皇帝陵東側には陪葬墓園が碁盤の目状に分布しています。陵園の東端に陽陵邑があります。陵園全体が皇帝陵を中心に周囲を守るような構造になっており、皇室の唯我独尊的な意識や厳格な階級意識が表れているといえるでしょう。

　皇帝陵の四方は版築で囲まれ、四面の塀の中央には門が一つずつあります。南門の門楼には三重の楼閣建築址が左右に配置されていました。これは「三出闕」とよばれ、皇室宮殿でしか造ることができない豪華な装飾門です。皇帝陵は覆斗形（ますをひっくりかえしたような四角錐台形）で亜字形をしており、東を向いています。東西南北にそれぞれ1本の墓道があり、東に延びた墓道が主墓道でした。各墓道の左右からは81基（東21、南19、西20、北21）の陪葬坑が発見され、中からは騎兵・歩兵・侍女・動物など各種の陶俑や、陶器・銅器・漆器などの生活用具、さらに兵器・車馬器・印章などたくさんの遺物が出土しました。騎兵・歩兵を模した兵馬俑は実物の約三分の一の大きさで、顔の表情から絹麻類の着衣にいたるまで繊細に描写されています。身につけた鉄戟・鉄矛・鉄剣・銅弩・漆木製盾や度量衡器などもすべてミニチュアですが、精巧に造られています。

　陽陵の南の門闕遺跡内の大型建築遺跡からは、板瓦・筒瓦・瓦当・背獣・囲碁盤・六博(すごろく)盤・版築によく使われる石器や鉄工具など500点余りの遺物が出土しました。遺跡は門道・東西内外の四塾・主闕台・副闕台・回廊・雨落などの部分からなり、左右対称の整った配置をし、構造は合理的、規模は広大で、保存状態もよく、めったに見ることのできない漢代の貴重な建築物の遺跡です。

　皇后陵の陵園の平面も正方形で、四面は皇帝陵と同様に版築の塀となっており、そ

れぞれの中央部に門があります。墳丘も皇帝陵同様、覆斗形で亜の字形をしており、東向きです。東西南北それぞれに1本の墓道があり、東側の墓道が最も長く、幅が最も広いところも皇帝陵と同じです。

南区と北区の陪葬坑は皇帝陵の東南と西北に位置し、形状、数量、面積ともに基本的に同じ地下木造式建築です。これらの坑の中には、歩兵や騎兵俑群が並び、食糧を積み上げた倉庫、牛・羊・豚・犬・鶏などの陶製動物および陶・鉄・銅製の生活用具がありました。これらの陪葬坑は、漢代の軍隊の全体的な様子を正確に、きめ細かく描写しており、前漢前期における最も重要な軍事力であった南軍（宮城警備の衛士の軍）と北軍（長安城内警備の中尉の軍）の縮図といえるでしょう。

陽陵の西北1.5kmにある刑徒墓地から発見された人骨には首かせがあるものや、足首に足かせがはめられたもの、そのほか首と身体が切り離されているものもありました。これらはおそらく皇帝陵や付近のおびただしい建築物を営造する際の重労働によって死んだり、あるいは何かの原因で斬首されたり、腰斬された刑徒であろうと思われます。ここに埋葬されている刑徒の数はおそらく数万人以上でしょう。

陽陵の陵園内でも最も重要なものは羅経石遺跡と陽陵邑です。羅経石遺跡は、その中心部の最も高い所に黒雲母と花崗岩を彫って造られた羅経石（羅経とは羅針盤のこと）が残されています。その上には直径140cmの円盤があり、表面に十字の窪みが刻まれていますが、測定したところ正確な南北方向を向いていることがわ

陽陵の出土品

かりました。これはおそらく陽陵造営時に水平や、高さを測定したり、方向を表示したりするために使われたのでしょう。世界で最も早い時期の古代の測量標示石です。

陽陵邑は陵園の最も東にあり、東西4km、南北1kmの中に東西方向に走る道路11本、南北方向の道路23本が垂直に交差しています。現在までの試掘で、版築の塀・外堀、大量の建築基礎、銅器・鉄器・陶器・封泥および大量の建築材料などが発掘されています。

その他にも北区と東区の二つの部分からなる陪葬墓区もあります。現在までに発見された墓は16列130基余りですが、さらに発掘整理が進められています。

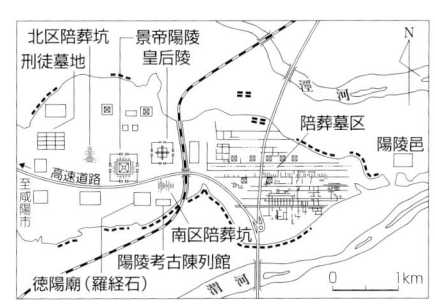

その中心に円形高台(径62m)があり、高台の上にまた主殿(一辺42m)がある「天円地方」をかたどった建築様式である。文献によれば、「明堂」「辟雍」と記されている。

この近くに、先祖を祀る宗廟も発掘された。9つの建物址からなり、礎石には王莽

北周安伽墓
ほくしゅうあんかぼ

安伽墓レリーフ

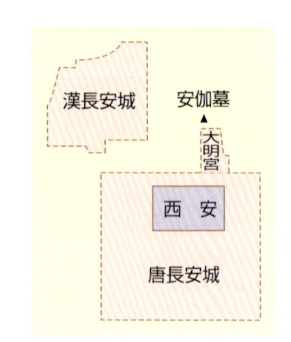

西安市郊外の未央区大明宮郷で北周高官の塼室墓が発掘された。墓道の両側や入口の上方には武士像・蓮華文などの装飾壁画が鮮明に描かれ、玄室の中央北側に艶麗と豪華さをつくした石棺床が出土した。玄室から発見された墓誌銘によれば、被葬者は北周の高官を歴任した安伽という人物で、主な官職は「薩保」といい、当時、内地に住む西域のソグド(粟特)商人を管理するとともに、祆教(拝火教、ゾロアスター教ともいう)の祭祀をつかさどっていた重要な人物のようだ。彼は579年に病死し、西安の北郊に埋葬された。

全長35mの墓の構造は、北周文帝の息子宇文通の陵墓に準じるものだが、盗掘の痕跡が皆無にもかかわらず、副葬品はいっさい見あたらなかった。一種の埋葬風習であろうといわれている。ここで最も珍重された石棺床の囲い壁は、浮彫りや彩絵、金箔の技法で豪華に飾られ、図案や造形も異民族の色彩に満ちあふれている。墓内に描かれたモチーフは、おもに三つに分けることができる。

〈祆教の祭祀図〉 玄門上方の壁画に描かれた人身鷹足神や供養人、蓮華座火壇の造形を中心とした祭祀場面、祭壇の上面に置かれた器物、花果など、異文化の香りを色濃く映しだすものである。

〈異文化の交流を示すもの〉 石棺床の屏風彫刻には西域ソグド族の風土・人情を描いたものもあれば、牛車や拱頂を持つ橋など漢民族の生活風景を表すものもある。中国本土での異民族と異文化の交流の一場面がうかがえる。

〈ソグド人の姿〉 石棺床の屏風に描写された人物像の顔・目・髭、衣装や帽子、または身につけたアクセサリーなどによって、かつて東西交易の担い手として活躍し、唐代以後に消息が絶たれていた、謎の民であるソグド人の実像が浮かび上がる。

「始建国」(9〜13年)の年号が見つかったため、王莽九廟とよばれる。その他、国の最高学府としての太学や昆明池、上林苑の宮観遺跡の存在も判明しつつある。

＜未央宮＞

前漢長安城の南西にある皇帝の朝会正殿である。時の宰相蕭何の「天下を治めるに壮麗な宮室をもって威を示すべし」という提案をもとに、当時最大規模を誇る華麗な未央宮建築群が造営された。宮城はほぼ正方形で、総面積約5km²、城壁の四面に宮門が一つずつあり、東の城門は皇帝の出入りする正門であった。

未央宮前殿は大朝殿として宮殿区の中央に位置し、南北に縦列する3棟の大型宮殿やそれに付属する配殿、後閣などが龍首山の丘陵斜面を利用して、高い方から順に構成されている。こうした「三大殿」の平面配置は、唐長安城の太極宮や大明宮などにも受け継がれ、清代の紫禁城に至るまで、中国都城の朝会正殿の構造モデルとなっている。

未央宮前殿の基壇頂上の最も高い所は15mあり、2000年以上の歳月を超えて今でも広い麦畑の中にそびえたっている。これまでの発掘では、前殿遺跡の北に後宮の椒房殿遺跡があり、その北へ進むと典籍や秘書を収蔵する天禄閣、石渠閣の存在が確認された。また、皇室の事務をつかさどる少府と中央官署の遺跡も前殿の西側で発見された。出土した遺物は陶器、銅・鉄器、玉石器が多く、貢納の品名を記録した刻字骨簽も3万点ほどあった。こうした出土品から、各地の手工業生産、貢納品の数量や種類、地方官吏の設置状況および時の流れによって遷り変わった様子なども読み取れ

前漢高祖長陵の呂后陵

る。さらに、前殿の南西部の建築址からは宮廷医の処方箋とされる木簡が100点ほど見つかり、それも漢代の宮廷生活を知る珍重な実物資料である。

＜漢の皇帝陵＞ (地p.26, 27)

西安から咸陽国際空港への高速道路を走る途中、沿線に広がる麦畑の中に数々の前漢時代の皇帝陵とその陪葬墓である方墳が視界にあらわれる。

前漢皇帝陵11基のうち、西安市東の白鹿原鳳凰嘴にある文帝の覇陵と、西安市三兆鎮南にある宣帝の杜陵を除いて他の9陵はみな、長安城の北を東西に流れる渭水北岸の段丘沿いに順次造営されている。武帝茂陵は9陵の最西端に、景帝陽陵は9陵の最東端にあり、高祖劉邦の長陵は長安城の南北軸線上にあわせて築かれていた。

前漢の皇帝陵の主体部はすべてが未発掘で、地下埋葬施設の状況は不明である。地上には版築工法で造った方墳がめだち、墳丘一辺の長さ150〜170m、高さ20〜30mで、その形態は四角錐の上部を水平に切り取ったいわゆる覆斗形が特徴である。通常、皇帝・皇后陵の高大な方墳が左右(東西)に並び、付近には陪葬坑や陪葬墓が一定区域にあり、陵園囲壁や門闕、寝殿、陵邑など建築址も整然と配置されている。これまで、宣帝杜陵の陵園寝殿建築址や景帝陽陵の兵馬俑坑、門闕建築、陪葬墓、陽

陵邑が発掘され、近年、昭帝平陵の木車馬俑や生埋めにされた駱駝・牛の祭祀坑なども見つかった。

長陵の陪葬墓である楊家湾漢墓では10の兵馬俑坑と車馬坑が一つ発掘され、始皇帝の兵馬俑の3分の1程度の大きさの俑が2500体近く発見された（カバー表写真）。

＜景帝陽陵＞

西安から約22km、咸陽市東部の張家湾村にある陽陵は、前漢第4代（2人の少帝を含めると第6代）の景帝劉啓（在位前156〜141）の陵墓である。「無為之治」の黄老思想を崇拝した景帝は在位中、清らかな政治をおこない、百姓の富む社会作りに励み、国家の安泰をもたらしたという。

1991年の遺跡調査で陽陵の兵馬俑陪葬坑がはじめて発掘された。その際、彩色を施した陶製兵馬陶俑約600点、銅製兵器、車馬器、銅銭や鉄製農工具、生活用陶器、漆木器など計4000点が出土し、話題をよんだ。

陽陵は、景帝と皇后の各自独立した陵園を中心に築かれ、ともに広大な方墳を四方形の版築の外囲いでめぐらせている。

景帝の方墳の墳丘底部を囲む形で多くの長方形陪葬坑がある。これら大小陪葬坑の中から、陶製の兵馬俑や豚、羊、鶏などの家畜・禽類俑および戦車などが大量に出土した。今のところ、地下の埋葬施設主体部は未発掘で不明だが、ボーリング調査によって方墳の直下に墓壙が掘られ、その四面に傾斜墓道が1本ずつあり、東墓道の規模が最も大きいことが判明した。

帝陵の陵園東門外には大通りが延び、その両側には陪葬墓群が規格の大小によって一定の区域に配置されている。陵墓を護る陽陵邑の建築址もまたその東側に広がる。陽陵の地上・地下建造物はみな東向きで建立されている。

現在：陽陵陪葬坑全体が漢陽陵博物苑として開設されている。その一角の漢陽陵考古陳列館の常設展で陽陵調査の最新成果と出土遺物を一覧してから、兵馬俑坑の発掘現場へ足を踏み入れて見学したり、復元された陵園南門に登ったりして漢の帝陵景観を一望する散策コースがおすすめである。

＜武帝茂陵＞

前漢第7代武帝の茂陵は、西安市北西約40kmの興平県の畑に広がっている。武帝劉徹（在位前140〜87）は、堅実な専制君主権を確立し、内政と外征の業績をあげ漢代の最盛期を迎えていた。武帝即位の翌年から茂陵の造営がスタートし、以後50年の歳月を費やし天下賦税の三分の一を使ったという。漢帝国の強盛を誇る茂陵は漢代皇帝陵墓の中で最も規模が大きく、そびえたつ方墳の高さは、今なお46.5mにも及ぶ。陵園の南東側には白鶴館を中心とする陵寝建築群の存在が判明し、遺跡からは四神文空心磚、十二字瓦当、青色半透明のガラス璧、大型の玉製舖首など豪華な装飾建材が出土した。

武帝陵から北西に500m離れた所に、英陵とよばれる武帝寵妃の李夫人墓があり、その東へ行くと匈奴を征服した功績で名が知られる武帝の名将衛青と霍去病の高大な墳墓がある。その周りには武帝の重臣らの陪葬墓が配されており、1980年代の発掘では、大墓の副葬品から鍍金の銅馬や鍍金銀の銅竹節薫炉など、漢の冶金工芸を代表する遺物の数々が出土した。銅器の表面に「陽信家」という銘文が刻まれ、大墓の被

葬者は武帝の姉陽信長公主にあたる人物の可能性が高い。

現在、茂陵博物館は武帝陵の東側に建てられ、敷地内には霍去病墓の墳丘やそこで発見された最古の墳墓彫刻を含め、茂陵遺跡から出土した文物の精粋を一般公開している。

＜霍去病墓＞

武帝陵園の北東1kmにある茂陵陪葬墓の一つである。武帝期に活躍した霍去病は時の著名な武人で、6度にわたって匈奴を攻め、版図の安定に卓越した貢献をなしとげた。しかし、病魔にかかり24歳の若さで世を去り、その死を深く惜しんだ武帝は盛大な葬送の儀をおこなったという。とくに、この若き将軍の業績を偲ぶため、墳丘の形態は当時はやった方墳と異なり、ありし日に霍去病が祁連山で匈奴を撃破した戦績を称える意味で自然の山をモデルにした。現存高15.5mの墳丘の上で発見された陵墓石刻彫像に「左司空」や「平原楽陵宿伯牙霍巨孟」という官職銘や人名が刻まれており、この墓の被葬者が霍去病であることがわかった。

この霍去病墓の山形墳丘の南側には、大型の陵墓石彫群像が多く立ち並んでいた。「馬踏匈奴」「人と熊」「猛獣食羊」、または虎、象、牛、馬、猪、羊、蛙などが計16点あり、すべて丸彫りであった。これら「国宝」と指定された石彫造像は、茂陵博物館の廊下に展示され、いずれも写実性とデフォルメを織り交ぜながら勇猛な姿で表現され、漢代石彫像群の特色をよく表している。それがまた、のちの後漢、南北朝陵墓の石刻、隋唐時代以降の陵墓前の石人・石獣の彫像などに受け継がれていったのである。

＜司馬遷の墓と祠＞　地p.27

西安市から北東へ約300km離れた黄河西岸の韓城市芝川鎮には、漢代の歴史家・思想家・文学者司馬遷の生家と墓がある。司馬遷は10歳で古典を読み、20歳で全国を周遊した。父司馬談の遺命を受け、太史令の職を継いで前104年に「太初暦」を完成したが、前99年匈奴の手に落ちた李陵を弁護したため武帝の怒りにふれて宮刑に処せられた。その精神的苦痛に耐え抜いて十数年を費やして中国史学の第一書『史記』の編纂に励み、不朽の名作を誕生させた。『史記』は古典や史料を客観的立場で選択する一方、その叙述には簡潔かつ豊かな知識が生かされ、著者の思想と人間性もうかがえる。

司馬遷は死後、故郷の地に手厚く葬られた。墓は梁山を背にして東に黄河を臨み、近くには芝水が流れている。『水経注』によれば、太史公の功績を偲んで西晋永嘉4（310）年に司馬遷の墓と祠が建てられ、のちの歴代王朝も繰り返し修築した。1982年に国家重点文物保護単位に指定された。

梁山の麓から石段を登ると、石造の祠門、牌楼に「高山仰止」「漢太史司馬公祠」の墨書題銘が鮮明に書かれ、観光客の足を引き止める。宋代建築様式の献殿・寝殿が台地の上に、東から西へと順に配置されている。一代の偉人の円形墳塚は寝殿の奥にあり、その前の献殿に太史公の位牌と塑像に並んで歴代文人の記念詩碑が64個陳列され、偉人不滅の功績を訴え続けている。

唐帝国の栄華

隋唐時代に入り、世界最大の規模を誇る都長安城は帝国栄華のシンボルとなった。長安は遠方のローマやペルシアからやってきた商人や中央アジア一帯の旅人で賑わう国際都市であり、また日本の遣唐使、留学僧(生)をはじめアジア各地の人々が多く訪れる学問の町でもあった。

＜隋唐の長安城＞ (地p.27, 48, 53)

583年に、隋代の若き天才建築家だった宇文愷により新しい都城が設計された。北は渭水を境として、南は終南山に面する龍首原の地に広がっている。この新都が完成した時点で「大興城」と名づけられたこの都を、618年に建国した唐はそのまま受け継ぎ、都城名を長安城と改めた。以後、約300年にわたって栄光と繁栄をとげて人口100万を超える世界最大の都市となった。

現在の西安の市街地と重なる隋唐長安城は、やや横長の方形(東西9702×8673m)で、城壁と外濠で周囲を厳重に護られている。城郭内の北部中央には皇帝、皇室一族の居住区である宮城と、その南に中央政府の官庁街である皇城がおかれていた。また、城中央の朱雀大街を主軸に東西、南北の直交する道路によって、個々の城坊が碁盤の目のように整然と区画されている。その東が万年県、西が長安県に分かれ、それぞれ対称的に商業区の東、西市が設けられた。

これまで、唐長安城の明徳門、興慶宮の勤政務本楼や大明宮の麟徳殿・含元殿建築址、東・西市の一部および日本の空海、円仁、円珍の密教修行地として有名な青龍寺、西明寺などが発掘され、多大な成果を収めた。近年、日中共同調査チームが組まれ、大明宮太液池の発掘が進行中である。

西安市何家村で発掘された盛唐貴族の邸宅跡からは、多数の金銀器やビザンチン金貨、ササン朝ペルシア銀貨と並んで日本の和同開珎も出土された。異文化交流の異彩を放つものばかりである。この隋唐長安城を古代都城のモデルとして日本の平城京、平安京が建設されたこともよく知られ、また、日本と踵を接するような朝鮮半島でも唐帝国の出現を機に唐の都城、官僚制度、律令文化を吸収し、統一国家への道を急激に推し進めていったのである。

今、西安市の繁華街を取り囲んだ明・清時代の西安城壁は、唐長安城の宮城・皇城

をもとに改築したもので、また、現代都市の町並みの中にそびえたつ唐の大・小雁塔は、まさに古都西安のシンボルとなっている。

＜大明宮＞ (地p.48、53)

634年に、唐の太宗李世民が高齢の父高祖の避暑のため、唐長安城の東北台地に増築した宮殿である。高宗と則天武后のときには、この大明宮が事実上の正宮と定められた。のちに唐の歴代皇帝は本来の宮城の太極宮の代わりにここで政務をとることを好んだが、唐末の戦乱で廃棄された。

大明宮遺跡は、西安駅から北へ1kmに位置し、南北に長い長方形とされ、城壁が周囲にめぐらされている。宮城内の中部高地には主要な建造物が集中し、その北側の低地には太液池が造られ、周囲に広大な宮廷園林が営まれていた。大明宮の中枢建築址は、北から中軸線上に紫宸殿（内朝）・宣政殿（中朝）・含元殿（外朝）の順で配置されている。

662年に建築された含元殿は、皇帝が重大な朝会や冊封・大赦・閲兵など重要な国家行事をおこなう場所で、大明宮の中で最も壮麗な重層建造物であった。含元殿遺跡では大殿、閣、廊、道の存在が確認され、大殿の二層基壇は今でも高さ13mある。基壇南面には長さが70mにもわたる皇帝が大殿に登る専用道、すなわち「龍尾道」があり、大殿の左右両翼には鐘楼・鼓楼や飛廊をとおしてつながる翔鸞閣・栖鳳閣が対称的に配置されている。大殿壁面の漆喰や赤色の枠取りが遺された壁の残塊などの出土から、宮殿壁画の存在が推定できる。また、遺跡から各種の建材が検出され、当初、宮殿楼閣の屋根には黒瓦、軒先に華麗な緑色・孔雀藍色の釉薬をかけた瓦などが葺かれ、大殿基壇の周囲に石の欄干があり、表面を赤く塗った石彫の龍首が飾られたことがわかる。

大明宮の西寄りにまた、唐代の宮廷の公式宴会場とされた麟徳殿がある。文献によれば、最大3500人もの人々がいっせいに酒杯を交わすこともできる。701、703年日本の遣唐使粟田真人が則天武后の朝見を受け、2回この麟徳殿に参上したという。麟徳殿は南北長方形で、現存する建築基壇の高さは2.5mあり、前・中・後の三大殿を中軸に周りに楼閣・回廊・亭台が配置されていた。現在、この麟徳殿は史跡公園として保存・整備され、敷地内には唐大明宮博物館が開館している。

＜大雁塔＞ (地p.53)

西安市雁塔路の南にそびえたつ唐長安城内の仏塔である。648年、太子李治は亡き母の文徳皇后を弔い、隋の無漏寺を改築し「慈恩」と名づけた。大慈恩寺内の仏殿、庭園、楼閣などの当初の建築は華麗で、殿堂壁一面に描かれた壁画は、いずれも呉道子、閻立本、王維など当時の画壇名士の筆によったものが有名である。

645年に、玄奘がインドから657部の仏典や仏像、舎利を携えて帰国したのち、ここで数百人の高僧や学者を集めて経典の漢訳にあたった。これら仏典を収蔵するため、652年、大慈恩寺内に五層の磚塔が建てられ、則天武后のときに十層まで増築された。その後、各時代の修築が繰り返されながら、今の大雁塔の姿となった。

現存する磚造の仏塔は七層に屋根を重ね、

古都西安を訪ねて | 49

唐長安城考古新発見

安家瑶
(中国社会科学院考古研究所研究員)

　唐代はわが国が政治的に統一され、経済が発展し、文化が栄え、国際交流が盛んにおこなわれた繁栄の時代でした。長安城は唐代の都として、かつては人口100万を超える中世期における世界的な名城でありました。

　中国社会科学院考古研究所は1957年以来、この城址について全面的な実地調査と発掘をおこなってきました。考古学的発見と歴史文献とをつきあわせることによって、長安城の形状と構造、配置および歴史的な沿革がほぼ明らかになりました。重要な考古学的成果はいくつもありますが、ここではその中から含元殿遺跡と圜(円)丘遺跡の発掘状況を紹介します。

　含元殿は長安城大明宮の正殿で、龍朔2(662)年に建造されてから唐代末に放棄されるまで200年余りの間受け継がれた中国史上最も有名な宮殿建築の一つです。皇帝はここで外朝の大典、例えば元旦と冬至の大朝見、改元、大赦、冊封、朝貢などの重要な活動を挙行しました。含元殿遺跡は1000年もの歴史を経て、現在も西安駅北方1kmの場所にそびえたっています。

　1957年から始まった含元殿遺跡の調査と発掘は、経費の不足により殿址と高殿2基を発掘したにとどまりました。94年、国連のユネスコおよび日中両国政府が唐大明宮含元殿遺跡保護プロジェクトを決定したことにより、95年から96年にかけて再び発掘をおこなうことができました。その発掘面積は2万7000㎡にのぼり、含元殿遺跡の全容が明らかになり、含元殿が、殿堂、両閣、飛廊、大台、殿前広場と龍尾道を含む1組の建築群であることがわかりました。その中で最も主要な建築は殿堂で、中央部の最も高い場所、三層からなる大台の上にあり、幅11間の廊下が四方にめぐらされていました。東南と西南には殿堂と高さがほとんど同じ両閣があり、主要建築とその他の建造物は飛廊によって結ばれています。大台の南側の平地は殿前広場で、ここから宮殿に登っていく二つの階段は東西両閣の内側にあります。これが文献に記載されている両閣の下の龍尾道です。この龍尾道の発見により、含元殿を模して造営された日本の平城宮大極殿が、両側の階段から登るという謎が解明されました。

　皇帝が天を祀る儀式をおこなう圜丘遺跡は、現在の陝西師範大学の南グラウンドの東側にあります。この遺跡の調査は1999年に終了しました。ここは現在の地面より8m高い位置に黄土によって作られた壇がありましたが、1000年余りもの間風雨にさらされたことと人為的な破壊により本体はすでに崩れてしまいました。困難を伴う緻密な発掘活動の結果、崩れた地層の下から圜丘台の基礎が姿を現し、唐代圜丘の基本構造が明らかになったのです。それは四層の異なる直径の円台が重なり合った屋外建造物でした。第一層(最下層)の円台面の直径は約52.8m、第二層の直径約40.5m、

第三層約28.4m、第四層(最上層)約20.2m で、それぞれの層の高さはおよそ2ｍ、各層の円台にはそれぞれ12の階段(円丘に登る階段)が等間隔に設けられており、それぞれに十二支の名がついています。第1円台の午の階段(南階段)は他の11の階段に比べて幅が広くて長いのですが、これが皇帝が登壇する時に使用した階段でした。この圜丘は混じりけのない土を使った版築で作られ、補修部分に少量のレンガが使われている以外に、レンガや石が使われた痕跡は発見されませんでした。圜丘の壁面と上部は黄土を塗って平らにされ、さらにその上から、籾殻やわらを混ぜた石灰が0.4～1.1cmの厚さで塗られています。これによって唐代の圜丘は白色の外観を呈していたのです。

長安城圜丘については『旧唐書』礼儀志、『新唐書』礼楽志などの文献に記載されていますが、考古学的発掘によって明らかになった遺跡の位置および構造は文献の記載と基本的に一致しています。

復元された大明宮含元殿遺跡(上)と、その西の麟徳殿
7世紀唐の太宗李世民が父李淵のために大明宮を築き、高宗は太極宮からここに移って政務をとった。含元殿は大明宮殿区の中心であり、国家的な儀式や大典がおこなわれた。日本からの外交使節もここで謁見した。麟徳殿も含元殿と同じ、宮廷の公式宴会場であった。

圜丘遺跡

古都西安を訪ねて 51

基壇を含む高さが約64mある。雄大重厚な磚塔内部には回転階段が設けられ、観光客が最上階まで登ることができる。塔の基壇南壁に築かれた二つの磚造龕内には、「大唐三蔵聖教序」（太宗撰文）と「三蔵聖教序記」（高宗撰文）の二大名碑が建造時のまま保存され、そこで唐の名書家褚遂良の真跡に出会える。

＜小雁塔＞ (地p.53)

西安市友誼西路の南側にある唐長安城内の薦福寺仏塔である。ここはかつて隋煬帝の邸宅地で、唐になってからも太宗の長公主邸や高宗の太子邸として使われ続けた。高宗死後、その冥福を祈るため、この邸宅地に献福寺を築造し、690年に、則天武后が薦福寺と改名した。

695年にインド巡歴を終えた義浄が400部の仏典を携えて帰朝したのち、この薦福寺で多くの学者を擁して仏典の漢訳に従事し、また、これらの経典を収蔵するため、高さ45m、15層の磚塔が造営された。この磚塔は大慈恩寺の大雁塔に比べて規模が小さいため、小雁塔とよばれた。

明代以後、幾度もの地震に遭い、塔頂は崩れ、塔身にも部分的な破裂が発生したが、修復を繰り返し今日に至り、現存する薦福寺の小雁塔は高さ36m、13層の屋根を重ねた唐代建築の様式美が今でも輝き続けている。

＜華清宮＞ (地p.27)

西安市の東約30kmの驪山北麓に造営された唐代皇室の温泉離宮である。ここは古来の温泉地で知られ、西周から秦漢、魏晋南北朝時代にかけて各王朝の王室貴族の享楽地として離宮別館の造営が続いた。513年に北魏の雍州刺史元萇が温泉堂を改築した当時建てた「温泉頌」碑が今でもそのまま保存されている。

唐の太宗はここで御湯と宮殿を新たに建てて、649年に「湯泉宮」と名づけた。唐の玄宗もまた、新しい宮殿や亭台楼閣、羅城まで増築し、建造物の華麗さにちなんで「華清宮」という名に改め、驪山温泉離宮の最盛期を迎えた。

華清宮は唐長安城プランを模して禁苑・宮城・皇城・郭城から構成される。宮城主殿の周りに官署、太子湯、尚食湯があり、その東は飛霜殿、九龍殿（蓮花湯）、星辰湯、海棠湯（貴妃湯）があった。南の昭陽門を出ると、驪山への登頂夾道が設けられ、沿道の森の中に長生殿や朝元閣、王母殿が点々と配置された。

ここは玄宗帝と楊貴妃がロマンスを繰り

華清宮　楊貴妃の海棠湯

広げた舞台としてよく知られ、華清宮の山水、人情にからんだ栄華と悲恋の物語を題材にした歴代の名詩賦も多い。唐末の戦火に遭い華清宮は破壊されてしまったが、宋元明清から民国政府に至るまで、歴代の権力者は引き続きこの温泉郷で離宮別館の改修と増築を繰り返した。

1980年代、華清池公園の整備工事に伴う遺跡調査がおこなわれ、唐代の建築址や石造浴槽を設けた遺構が7カ所発掘された他、秦・漢時代の磚、瓦建材の出土も多く、唐以後の温泉建築址も確認された。

現在の西安市街と唐代の長安城

中華文明の宝庫　古都の輝き──陝西歴史博物館案内

馬振智
(陝西歴史博物館副館長)

　国内外にその名を知られる大雁塔の西北1kmの場所にある、大規模で雄渾典雅な唐風建築群が、中国で最初に現代的設備を整えた博物館、陝西歴史博物館です。四季を通じて一年中国内外から訪れる観光客が絶えることはありません。外国の元首から一般の人々に至るまで誰もが、博物館の建築群の美しさ、所蔵品の豊富さ、陳列の水準の高さを称賛します。

　陝西は中華文明の発生の地であり、歴代13の王朝がここに都をおきました。とくに周、秦、漢、唐の四つの輝かしい王朝の統治する時代、ここは政治、経済、文化の中心であったばかりか、世界の文明にも深い影響を与えました。中華文明の肥沃な土壌であった陝西には、多彩な文化の遺物が蓄積され、全国重点文化保護区域が89カ所、国家の歴史的文化名勝地が6カ所あり、その中で秦の始皇帝陵(→p.35)はユネスコの世界遺産に登録されました。

　博物館は1944年6月に設立され、西北歴史文物陳列館、西北歴史博物館と名称を変え、55年6月、陝西省博物館になりました。73年、周恩来総理がベトナムからの賓客に同行した「陝西省は文物が多いのに、展示室が狭い。適当な時期に新しい博物館を建設しよう」と指示され、86年、博物館の新設に着工し、91年、正式に観光客に開放されたのです。もとの陝西省博物館は西安碑林博物館と名称を改め、石刻以外の文物はすべて新しい陝西歴史博物館に移管されました。

　陝西歴史博物館の設計責任者は有名な建築家張錦秋女士です。建物は「中央に殿堂、四隅には高楼」という唐風建築で、秩序があり、高低の建物それぞれに趣を持たせ、気宇壮大、荘重であり、民族の伝統や地方の特色と時代の精神を一体化させています。一方で先進的な設備も整え、保管庫と展示ホールは完全な密閉構造で温度や湿度を調整し、さらに先進的な防火、盗難防止設備を備えています。

　陝西歴史博物館の所蔵品は37万点余にのぼり、古くは原始時代の人類初期の石器から、新しいものでは近現代のものまで、その幅は100万年余り、そのうち国宝級文物が18点、一級文物が762点あります。文物の数が多く、種類がそろっているばかりでなく、その多くが科学的な発掘の結果発見されたもので、研究価値の極めて高いものばかりです。とくに、青銅器・陶俑・壁画・金銀器は優れています。収蔵されているおよそ4700点の青銅器は多友鼎、師𩵦鼎など、種類がそろい、銘文の価値も高いものばかりです。四足鬲、日己觥、牛尊などはこのうえなく精巧で美しい芸術作品です。さらに歴代の陶俑は多様で、生活の息吹にあふれ、古代服飾研究の優れた資料となっています。唐墓壁画は1000㎡余りにのぼり、題材は礼式、建築、出行、猟など広範にわたっており、それぞれいきいきとした真に迫る姿を伝えています。また、本館

収蔵の唐代金銀器は全国一であり、製造術に優れ、芸術的価値が極めて高いものばかりです。

　歴史博物館の展示は基本展示、テーマ展示、臨時展示から構成されています。常設の「陝西古代史陳列」は、先史、周、秦、漢、魏晋南北朝、隋唐、宋元明清の七つの部分に分かれています。2000点余りの選り抜きの文物によって、約100万年以前の藍田原人から1840年に至るまでの陝西の歴史を、体系的かつ、大規模に展示し、参観者におおいに喜ばれています。多くの人々が口をそろえて、これは生きた中国の歴史であるといいます。「陝西青銅器精品展」「陝西歴代陶俑精華展」「唐代婦女服飾展」「唐代金銀器大観」など高水準の特別展も開催しました。さらに、北京、河南、山西、青海などの省、市、自治区の博物館と同一のテーマで文物を展示したこともあります。

　陝西歴史博物館は中国の4Aクラスの観光スポットとして、この10年来、国内外の観光客およそ300万人を受け入れてきまし

西周時代青銅酒器牛尊

唐代の蓮華形金製碗

た。目下、当館は基本展示の調整と壁画館の建設に着手しており、活力あふれる斬新な姿で世界各地から訪れる観光客を迎え入れようとしています。

陝西歴史博物館外観

西安碑林博物館

趙力光（西安碑林博物館館長）

　西安碑林博物館は明清時代の孔子廟と碑林の古い建築群をもとに建造されています。当館は歴代の碑石、墓誌および石刻彫刻を中心に収蔵・研究・陳列している芸術的博物館で、現在、1万1000点にのぼる文物を収蔵しています。

　西安碑林は、北宋の元祐2（1087）年に創建されて以来900年余りの歴史がありますが、歴代のしっかりした補修を経て、現在では石碑陳列室7室、碑廊8カ所、碑亭7カ所があります。ここに漢代から近代までの石碑と墓誌3300点余りを収蔵し、そのうちの約1000点を展示しています。高名な書家の碑刻が集まっていますが、年代順にきちんと整理され、楷書・草書・隷書・篆書の書体がそろっています。有名なものには「漢・曹全碑」「魏・三体石経残石」、北魏の「元楨墓誌」「穆亮墓誌」、唐のものでは「集王羲之書聖教序」、虞世南「孔子廟堂碑」、欧陽詢「皇甫誕碑」、顔真卿「顔家廟碑」「顔勤礼碑」「多宝塔碑」、さらには「大秦景教流行中国碑」や徐浩「不空和尚碑」、柳公権「玄秘塔碑」、懐素「千字文」、張旭「肚痛帖」があり、宋・明・清の高名な書家の刻帖などもそろい、中国古

石刻芸術陳列室（宗教石刻）

代書道芸術の宝庫と称賛されています。当館は石を素材にした図書館ともいえ、深い歴史的内容を備えているといえましょう。

西安碑林博物館は、漢から唐までの石刻彫刻もたくさん所蔵しています。石刻芸術陳列室には、各時代を代表する選び抜かれた作品およそ80点を、陵墓石刻と宗教石刻とに分けて陳列展示しています。おもな陵墓石刻は漢から唐に至る皇帝の一族や貴族の陵墓上の大型彫刻で、前漢の双獣、西魏の蹲獅、献陵の石犀、昭陵の六駿などがあり、これらはすべて中国彫塑史における傑作です。墓室内の画像石、石棺、石槨などもそれぞれ特色を持ち、陝北の漢代画像石、隋李静訓の石棺、唐李寿の石槨など、その多くは彫りの浅いレリーフや線刻の技法を取り入れていて、精巧で非常に華やかです。

近年来、当館は絶え間なく新しい石刻文物を集めています。新たに収蔵した柳公権「迴元観鐘楼銘」、後秦「呂他墓誌」はまれに見る貴重な文物です。

本館は毎年不定期に水準の高い書画の展示をおこなっており、また現在、新たな石刻芸術陳列館建設も計画されています。

当館は1961年に、国務院により第一期の全国重点文化保護単位として公表され、また最近では世界文化遺産の候補リストに加えられました。2001年には4Aクラスの旅行区域に選ばれ、毎年国内外から約60万人の観光客が訪れます。

石刻芸術陳列室（陵墓石刻）

法門寺の発掘調査と法門寺博物館

任新来
(法門寺博物館 副館長)

法門寺は陝西省扶風県城の北、西安から西に110kmの所にあります。仏典の記載によれば、紀元前3世紀のアショーカ王がここに釈迦の指骨の舎利を安置し塔を建造したとされています。以後中華王朝に推戴され、中国古代における四大仏教聖地の一つとなり、555年に西魏の統治者がここに仏塔をつくって仏舎利を供養したことで、法門寺の名声はおおいに高まりました。唐代には皇帝が法門寺の仏指舎利を護国の真身舎利と崇め、勅命をくだして壮大な地下宮殿を造営し、仏塔を修築して大聖真身宝塔と改称し、道観24院をめぐらせた広い寺領を持った皇室寺院に昇格させました。太宗以降、高宗、則天武后、中宗、粛宗、徳宗、憲宗、懿宗、僖宗の8人の皇帝が30年ごとに法門寺の地下宮を開き、仏指舎利を長安や洛陽の皇宮に迎えて供養しました。しかし、874年、唐末の動乱の中、僖宗は仏指舎利を法門寺に送り返したあと、地下宮を封印したので、このとき以降人に知られることはなくなったのです。

1980年代、たび重なる夏の集中豪雨で倒壊した塔の再建をはかるため、仏塔敷地の発掘調査がおこなわれ、87年4月3日に撤去された塔基の下から唐代の地下宮が発見されました。

そこからは八重の金製函に納められた仏指骨舎利(世界でもわずか4件しか現存していない)をはじめ、密教の法会用具、唐皇室が奉納した121点の金銀器、古代ローマなどのガラス器群、1000点の唐代の絹織物、宮

法門寺外観

舎利容器

舎利容器に納まっている舎利

廷専用の秘色青磁といわれ、それまで伝世品しか存在しなかった陶磁器、金糸で刺繍された則天武后のスカートなどめずらしい品々が出土しました。1113年もの長い間地下に眠っていた数千点にのぼる当代に比類ない宝物が日の目を見ることになったのです。

その数の多さ、種類の多様さ、レベルの高さ、保存状態のよさはまさしく稀有なもので、半坡遺跡や秦兵馬俑に続く、中国における重大な考古学的発見であり、社会政治史、文化史、宗教史、科学技術史、美術史、中外交流史などの方面においても、極めて重要な学術的価値を持つものです。

2000年に、法門寺は全国4Aクラスの観光地にランクされました。2001年、寺に隣接する博物館では新たに「法門寺歴史文化陳列」「法門寺仏教文化陳列」「法門寺唐密曼陀羅文化陳列」「法門寺大唐珍宝陳列」「法門寺唐代茶文化陳列」の五大陳列室を作り、地下宮殿の出土品もその中に展示されています。

現在、法門寺博物館は国内外の人々に評判の高い観光スポットであるとともに、多くの仏教徒が訪れるところとなっています。

金器

古都西安を訪ねて | 59

唐代皇帝陵

　華清池公園の中央に唐の華清宮遺跡がある。皇帝が入浴する九龍殿御湯跡は最も大きく、大殿中央には切石造りの大浴槽（10.6×6m、深さ1.5m）があり、その内壁面は八曲の弧形とされ、蓮花文を模したらしい。ちなみに玄宗のときに、この御湯が蓮花湯に改称されたという。浴槽底部の南寄りに給水口、北壁の西寄りに石積みの排水溝が設けられ、浴槽の北壁には階段がある。

　この九龍殿御湯に近接する場所に、もう1基の切石造りの花形浴槽が発見された。長さ3.6m、幅2.7m、深さ1.2mの海棠の花形をかたどった浴槽の内壁面はなめらかに湾曲し、丁寧に磨かれている。楊貴妃が入浴した海棠湯だろう。他には、華清宮の星辰湯や太子湯、および官署役人ないし侍女ら専用の尚食湯に関わる建築址や石組浴槽、井戸なども存在する。

　保存・整備後のこの唐代華清宮遺跡は、秀麗な驪山の背景と一体になった風光明媚な地である。遺跡から出土した蓮華文方磚や龍首瓦などの建材は宮殿装飾の豪華さを物語るだけでなく、唐代の皇室貴族らがここで過ごした温泉三昧の情景を彷彿させる。

＜唐代皇帝陵＞ （地 p.26, 60）

　陝西省の乾県、礼泉、涇陽、三原、富平、蒲城県の東西に広がる約100km²の範囲内に、18基の唐代皇帝陵墓が整然と配置されている。

　唐代皇帝陵は、いずれも渭水の北岸沿いに、南の長安城を中心に放射状に分布している。すべて見晴らしがよく、風水にかなう景観を重視している。そのうち、高祖献陵、敬宗荘陵、武宗端陵、僖宗靖陵が伝統的な方墳であったが、他の14陵はみな海抜1000mを超える北山という関中平野にそびえる自然の山を利用して造営された山陵である。唐の帝陵は基本的に陵園城壁、門闕楼閣、寝殿、陪葬墓および陵墓石刻か

唐代僖宗靖陵の壁画

らなり、おのおのの建築施設が山の斜面に合わせて造られた。山陵はすべて未発掘で、内部の状況は不明である。

　皇室、功臣、貴戚らの陪葬墓はおおよそ唐代帝陵の南側、あるいは南東側に点在する。これまで発掘された唐の太子・公主墓や功臣、将軍墓の多くは、多彩な陶俑の副葬や玄室壁の一面に描かれた壁画が特徴である。迎賓図、馬球(ポロ)図、観鳥捕蟬図など唐の宮廷壁画を代表する傑作の数々は、陝西歴史博物館の唐代壁画庫に収蔵・陳列され、時間限定で壁画庫を見学することができる。

　唐帝陵の陵園四面の門闕の左右には一対の石獅子が外向きに置かれ、陵園南門の大通り(神道という)の両側には文・武官をかたどった石人、石馬、麒麟、珍禽、天馬や八角形の華表などの石像が左右対称に配置された。一部の帝陵には唐に服属した西方や北方の諸国酋長や使者の石立像が遺されている。

　近年、盗掘の破壊に遭い、僖宗(在位874～888)の靖陵が発掘された。版築方墳の下にスロープ状の墓道とつながる横穴の単玄室があることが判明した。玄室土洞内は壁の剥落がひどく、色鮮やかに描かれた武官像や十二支の動物像が一部しか残されていなかった。残存した玉冊や装飾玉器の破片や、墓の規模・格式からみると、盛唐時の太子、公主墓にも及ばず、また棺床用の切石は陪葬墓の石碑を転用しており、まさに唐末の帝国衰微を切実に物語る。

＜昭陵＞

　唐の太宗李世民(在位627～649)と文徳皇后の昭陵は、西安市西北約60kmの礼泉県九嵏山の頂上に造営されている。九嵏山は関中平野の北限をなす北山山脈の孤峰で、周囲を圧してひときわだつため、古くから霊峰信仰の対象となっていた。昭陵はこの海抜1188mの雄大な山背に依って建て

られ、山頂の南側断崖上では桟橋をかけて玄宮が穿たれている。

玄宮の西南面には「皇城」があり、その四面城壁にはそれぞれ城門が設けられた。玄宮の正南面には朱雀門と献殿があり、献殿遺跡から出土した棟飾りの鴟尾は高さ1.5m、重さ150kgもあり、昭陵の建築規模の壮大さが偲ばれる。この昭陵の設計と築造に携わった名匠の中に、唐代の名画家閻立徳、閻立本兄弟も加わり、他にも唐代建築・工芸・美術の精粋を集めたという。

九嵕山北面の麓に昭陵の陵園北門や建築址、石彫像がよく遺されている。2002年の発掘調査では、昭陵の北司馬門や門闕楼閣、垣壁建築および石彫像の配列などの状況が確認された。また、太宗が天下を平定したときの愛馬「昭陵六駿」の石彫台座や東、西の廊亭建築址が見つかった。ここ「昭陵六駿」の颯露紫と拳毛騧は1914年アメリカに渡り、現在ペンシルヴァニア大学の美術館に収蔵されている。他の特勒驃、青騅、什伐赤、白蹄烏の4点は、西安碑林博物館の石刻芸術室に陳列されている。さらに、六駿石像の南の地点で、太宗に帰順した突厥、吐蕃、焉耆など蕃族の首長石像の残片や14体の蕃族首長像の台座が発見された。

九嵕山の南麓約60kmの範囲に、現存する昭陵の皇室・功臣・貴戚の陪葬墓は186基を数える。玄宮に一番近い所に、太宗と文徳皇后の寵愛を受けた長楽・新城・城陽公主や諸妃の墓が点在し、そこに太宗帝の信頼が厚く、諫臣として名高い魏徴の墓もある。また、南の山裾へ向かって唐代の功臣、有名な文人・書画家の墳墓が順々に立ち並ぶ。それぞれの分野で活躍した幅広い

昭陵の北司馬門遺跡

顔ぶれの陪葬墓が昭陵に集中したことは、多彩な人材を積極的に登用した太宗の人間的魅力を物語っている。

昭陵の陪葬墓には円墳と方墳の両方があるが、遠征で戦功をあげた名将李勣、李靖墓はその業績を称えて陰山・鉄山をかたどった墳丘が築かれた。すでに発掘された長楽、新城公主墓、功臣尉遲敬德、張士貴、李貞、李鳳墓をはじめ、唐代前期の陪葬墓は長い傾斜墓道と複数の地下空間作りが特徴で、墓誌銘が羨道内に置かれている。玄室壁面には壁画が色鮮やかに描かれ、副葬品の多くは彩釉陶俑で、陶磁器や装身具なども少なくない。李勣墓から出土した金銅製皮革張りの冠も他に類を見ない。

昭陵博物館は名将李勣墓の前に建てられ、昭陵遺跡や陪葬墓から出土した遺物を中心に常設展が工夫される一方、昭陵で発見された墓碑・墓誌の数々を集めた「昭陵碑林」が人々の興味をそそる。ここは高宗の撰文や親筆書字とされる李勣碑をはじめ、欧陽詢、褚遂良など唐代の名書家による秀逸洒脱な筆跡を刻んだ石碑・誌が立ち並び、唐代書道の粋を鑑賞することができる。

<乾陵>

西安市の西北約80km、陝西省乾県の梁山に造営された唐の高宗李治(在位650～683)と則天武后(在位684～705)の合葬陵墓である。海抜1047.9mの梁山北峰に乾陵の玄宮を築き、玄宮から南への余脈には双乳峰とよばれる東・西の自然峰台があり、乾陵の玄関口となっている。

乾陵の地上建築は献殿、楼台門闕、回廊、角闕を主体に陵園垣壁に区画された内・外城があり、四面垣壁の中央にはそれぞれ青龍・白虎・朱雀・玄武と名づけた門

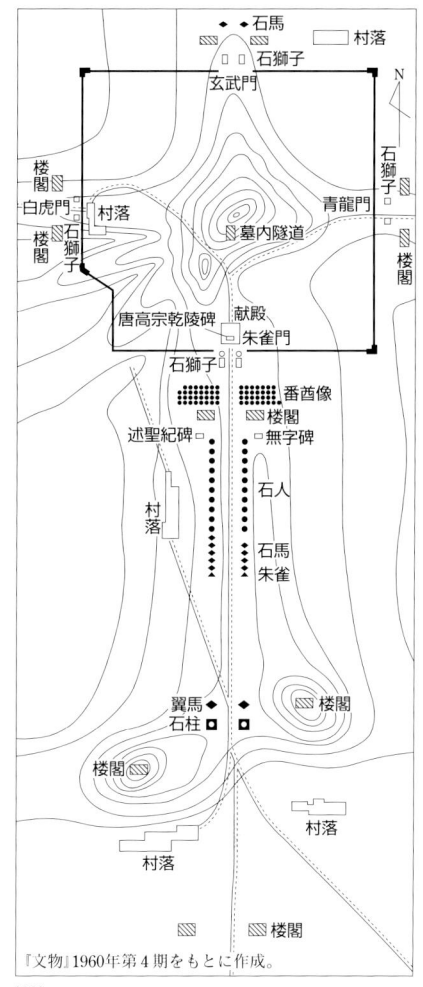

『文物』1960年第4期をもとに作成。

乾陵

闕がある。近年、朱雀門の発掘がおこなわれ、皇室建築しか使用できない特殊な「三出闕」様式で築かれたことが判明した。

陵園各門闕の左右外側には一対の石獅子がうずくまり、南の朱雀門から双乳峰の東・西楼闕までの幅広い神道の両側には左右対称に配列された石像が並んでいる。北から南へ行くと、まず61体の諸蕃首長の

古都西安を訪ねて | 63

乾陵（東側からの遠望）

立像は神道の左右に向かい合って隊列する。そして、神道をへだてて並列する高宗の偉業を記した述聖紀碑(じゅつせいき)（高さ6.9m）と、功徳無量を意味する則天武后の無字碑（高さ7.5m）がある。続いて十対の石人、五対の石馬（馬引き人付）、また、駝鳥(だちょう)、飛馬および八角柱をなす華表はそれぞれ一対ずつ対称的に配置されている。

乾陵は、唐陵の中でも唯一盗掘されていない皇帝陵だと伝えられてきた。試掘によれば、乾陵の墓道は全長約63m、幅3.9mで梁山頂部の南斜面に築かれ、埋葬後、この墓道に閉塞石(へいそくせき)を詰め込み、また鉄鎹(てっそう)で固定したうえで、その切石の隙間に溶かした鉄や錫を流し込んだことがわかる。

陵園の南東一帯には、17基の乾陵陪葬墓が見つかり、中には宮廷内の権力闘争に巻き込まれ、則天武后より死を賜わった太子・公主の墓も含まれている。706年にここで陪葬された高宗と武后の第二子章懐太子(しょうかい)、中宗の長子で武后の孫だった懿徳太子(いとく)、また中宗の第七女、武后の孫娘だった永泰(えいたい)

観鳥捕蝉図、章懐太子墓

馬球（ポロ）図、章懐太子墓

64

公主墓は1970年代に発掘された。ともに方墳で、長い墓道や羨道、天体をかたどったドーム形の頂部を特徴した前堂・後室からなり、墓全長は71〜100mにも及ぶ。玄室中央には宮殿形の石槨があり、天井および玄室の四壁には壁画が描かれ、宇宙・天地・人魂の永遠をリアルに表出している。副葬品は陶製兵馬俑が主流で、多種の三彩陶器が人の目を惹く。

陪葬墓のほとんどに壁画があり、唐代の宮廷生活を詳細に描くのが特徴である。章懐太子墓の狩猟出行図、馬球（ポロ）図、観鳥捕蝉図、舞楽図などは動と静の構図、軽妙な筆致を駆使して、唐の皇室貴族らの優雅な生活を的確に描写している。また、懿徳太子墓の儀仗出行図は山岳樹林を背景に、城門楼閣や騎兵・歩兵の隊列をスケールも大きく描き出す一方、人物の衣装から髭まで細かく表現し、威儀を正した群像は唐代壁画の圧巻と称される。さらに、永泰公主墓の門闕図、青龍白虎（残）、雲鶴図、宮女図は闊達な描写や繊細緻密な構図をとおして人物造形の高雅な気品が感じられる。

乾陵博物館では、永泰公主墓、太子墓を囲んで建てられた地上の常設展と地下の壁画墓をともに鑑賞することにより、唐代宮廷生活の情景をうかがい知ることができる。

＜耀州窯＞ 地p.27

西安市の北方83km、銅川市黄堡鎮一帯に7〜15世紀頃の耀州窯遺跡が広がっている。耀州窯は唐代に創業し、都長安に近く、漆河沿いで水陸の交通にも便が利き、他地域の陶磁器生産と流通をはかったり、製作技術の伝播も推進させたりした形跡が少なくない。唐以後、五代の発展期、北宋の全盛期、また金・元時代の継続期を経て、元末明初に生産が停止するまで約800年以上にわたって続いた。耀州窯で生産された陶磁器は約20種類あり、造形が様々で、色釉使いも豊かである。とくに青磁はその造形、胎・釉の技法や装飾文様など素晴らしく、北方青磁の華ともいえる。

これまで耀州窯の発掘は、唐三彩の窯跡を含む各時期の窯跡だけで計67基にのぼり、また、陶磁器の製作工房67基や原料加工場、失敗作の廃棄場なども見つかった。遺跡からは大量の耀瓷残片、窯道具が出土している。唐代の窯跡からは黒釉、白磁を中心に花釉、茶葉末釉磁、唐三彩、素胎黒花、青磁、黒釉白彩刻花など、計10種類以上にも及ぶ陶磁器製品が出土した。その中でも黒釉磁器の美を極めた塔形瓶や刻花牡丹文の青磁は唐代耀州窯の傑作である。

五代になると青磁中心へと転換する。金銀器を模した秀麗な造形が魅力的で、器底に「官」の銘を刻したものが一部ある。宮廷のため焼造されたものであろう。宋代の耀州窯には、型押しで文様をつける技法（陶範）が熟達し、型の深い彫りをした印花・刻花の技術が高度に発揮される。

1078〜1106年、時期限定の貢磁を製作するようになると、耀州窯青磁は最盛期を迎えた。その後、金代の耀州窯では引き続き青磁が中心で、肉厚の青みをおびた月白釉の青磁はここにしかない独創的なものである。

これら遺跡を囲んで建てられた耀州窯博物館は、各時代の窯跡や製作工房、出土品および陶磁器の生産・焼造過程をわかりやすく展示する一方、耀磁製作の実演コーナーも設けている。

シルクロードの玄関

　漢代、西域は漢民族の西方進出の拠点として玉門関と陽関の二つの関を置き、長城は玉門関まで伸びていた。そのほかにも駐屯地として城砦やのろし台が多く築かれた。今でも「河西回廊」の沿線地帯に点在し、そこから出土した生活用品や役人の日誌、書籍、手紙などは数万点にも及ぶ。

＜楼蘭古城＞ (地p.67)

　中央アジアの奥深く、幻の楼蘭古城はタクラマカン砂漠の厳しい自然の中で、何に覆われることもなく横たわっている。
　楼蘭は古には新疆タリム盆地で最も湿潤な地で、新石器時代から多くの人間が住みついた。広々としたロプ・ノールは、かつて紺碧の水をたたえ、中国と西域諸国とを結ぶ東西交易の宿場として無類の繁栄ぶりを見せた。多くのキャラバンは長い旅路の憩いのひとときを楼蘭というオアシスで過ごした。
　前3世紀、楼蘭王国は月氏の属国として建国され、前176年、月氏国が匈奴に滅ぼされたのち、匈奴の傘下に加わった。武帝が匈奴への大遠征をおこなったとき、楼蘭国王は匈奴の命により、漢の使者がやってくるたびに殺害し資財を略奪した。前77年に、漢の使者は楼蘭王の安帰を暗殺し、その弟を王の座に擁立した。これを期に楼蘭は鄯善と改名し、南へと遷都した。
　楼蘭国が滅亡したあとも、その旧地は漢王朝の西域駐屯地、シルクロードの要所として繁栄していたが、4世紀頃から自然環境に変化が生じ、土地の水は枯れ、荒涼地帯となり、唐代以後、歴史の記憶からも消失した。
　今の楼蘭古城は面積約100㎡、荒涼たる死の世界のように見えるが、2000年前には壮麗な仏塔や宮殿が並び立ち、孔雀河

陽関（敦煌）

漢代の長城（敦煌）

漢代の玉門関遺跡（敦煌）

前漢時代の西域

がゆったりと流れ、胡楊やタマリスク、葦の緑に囲まれており、バザールの喧噪やゆきかうキャラバンで賑やかだった。城内の東北には日干しレンガ造りの仏塔が高さ約10mほど残り、西や北側に大邸宅の跡もあり、革靴や毛・綿の織物が多数出土した。大邸宅の西に数戸の民家があり、木製の家財道具や木桶、紡錘、人形、臼、牛、馬、羊骨、銅鉄の鉱滓が出土した。

城外には小仏塔や烽燧遺跡が散在し、小仏塔の周囲には墓地が分布している。銅鏡・鉄鏃・貨幣・陶器・骨器・木漆器や素絹、織錦などの副葬品は、砂漠の気候に助けられて自然乾燥による保存状態が極めて良好である。また、城外の鉄板河古墓では「楼蘭の美女」とよばれるミイラが発掘された。人類学・医学的な考察をとおしてこの美女は黄色人種のモンゴロイド系でなく、白色人種のコーカソイド系に属することが明らかになった。

また、2003年、古城遺跡から北へ20kmの楼蘭方城遺跡付近で墓泥棒に破壊された古墓から、人物像や馬、駱駝像を七色彩で描いた楼蘭壁画墓がはじめて発見された。墓の構造や壁画の描写から3～4世紀に造られたもので、魏晋時代の特色が見られる。

楼蘭遺跡からカロシュティー文字(前4～後4世紀まで西北インドで使っていた)と漢字で記述した古文書が多く出土した。これら文書の解読によって鄯善王国に支配された時期の楼蘭が隊商都市として成り立ち、牧畜や農業に従事する人々の他、商人、道案内、橋守り、役人、書記、飛脚、兵士、弓矢工房、鍛冶屋、金銀細工、僧侶、奴隷など、様々な人々がここに暮らしていたことがわかる。楼蘭の人々の文化水準は相当高く、仏教文化が開花し、上流階級の女性は中国の絹織物の下着、錦の上着をつけ、中国製の化粧道具を用いたなど、平和な生活を楽しんで過ごしていた様子が鮮明に伝わってくる。

<居延甲渠候官・第四燧> 地 p.67

古代に「居延」とよばれる地は、甘粛省金塔県の額済納河流域にあり、西域へと向かう要衝である。漢の武帝は太初3(前102)年以降、居延周辺に城砦や烽燧などの軍事

古都西安を訪ねて 67

施設を大規模に設置し、後漢末まで使われた。これらの遺跡は今でも居延の周辺に多く残されている。

1972〜76年、甘粛省の居延考古隊が甲渠候官、甲渠第四燧、肩水金関を発掘し、約2万点の木簡が見つかった。甲渠候官は候(県令に相当)の居城といわれ、破城子の城砦は2区画で、日干しレンガ造りの方形囲壁(鄣とよび、壁幅約4m、残存高4.6m)と、その南に版築の土壁造りの方形施設(塢とよぶ、一辺50m弱)がある。両地から建物の跡、竃、家畜小屋などが発見され、弓矢、鉄製甲冑、農工具、生活用品および7865点の木簡が出土した。

甲渠候官から南へ5.3km、版築の塢と大型の烽燧からなる甲渠第四燧(面積約8㎡)がある。ここから出土した195点の木簡には詔書、囚律、暦書、天文などに関わる記載や、城砦、駐屯に関する記録、書籍、手紙などもあり、みな漢代西域史の貴重な史料である。

＜敦煌懸泉置＞(地p.67)

漢代の懸泉置とは、置、厩、駅舎、厨の各機構からなり、交通の管理、郵便、情報、通信や官吏、外賓らの送迎などに関わる業務が務めであった。敦煌懸泉置の設置は武帝の時代に始まり、魏晋時代にここを放棄するまで約220年間続いた。

1990〜92年、敦煌市の五墩郷に漢代の塢・馬厩・建物や付属施設などの遺構が発掘され、魏晋時代の烽燧も確認できた。出土遺物は総計7万点以上にのぼり、生活用品の陶器・竹木漆器・革製品・織物や鉄製農工具の犁・鎌・削・鏟や車馬器、また文房具の紙・筆・硯・印章・封泥および竹

木簡牘3万5000点、帛書・紙文書が各10点出土した。さらに、建物の壁に発見された墨書題記は、残片を含めて203カ所を数え、農作物や家畜の残骨も大量あった。

ここで出土した漢代簡牘は、官府文書・詔書・律令・帳簿などの記録が多い。

＜敦煌莫高窟＞(地p.67)

甘粛省西部砂漠地帯の端に世界的に名高い敦煌莫高窟がある。4世紀の開鑿を皮切りに隋唐の隆盛を経て、その後(わずかに明代を除いて)清代に衰退するまで1000年余りの間、石窟の造営が続いて、建築・彫像・絵画がとけあう華麗で幻想的な空間を創り出した。

莫高窟は敦煌県城東南18km、三危山に対峙する大泉河西岸の莫高窟千仏洞を主体に、その西南約30kmの西千仏洞や安西県城の南約70kmの万仏峡楡林窟など、数カ所の石窟からなる石窟群をさす。現存する570余りの洞窟は禅窟、中心柱窟、殿堂窟、塔などの種類に分けられ、塑像は3000体近くあり、壁画は5万点に及ぶ。とくに今世紀初頭、蔵経洞とよばれる第17窟から総数5万点を数える古代の写本・帛画(絹絵)、多くの人物像を綿密な構図によって刻んだ装飾版画『金剛経変図』(868年)が発見されたことによって、国際的な新しい学問「敦煌学」も誕生させたのである。

ここで現存最古の洞窟は北涼時代(420〜439年)の第268・272・275窟で、仏菩薩の塑像や交脚像、菩薩半跏像ののびやかな体躯、偏袒右肩の造型、薄い着衣の曲線文様などには、ガンダーラおよびインド・グプタ彫刻の影響が色濃く残る。しかし一方で、交脚弥勒仏像のやや平面的な造

型などには漢魏の陶俑に通ずる趣も見られる。

　北魏、西魏時代の開窟とされる第437・435・431・248窟の仏像の着衣形式は、様々な変化が見られる。第285窟の本尊仏像のように、胸元から結び紐を垂らしながらふたたび袈裟の末端を左肩にはね上げる形がこの時期の敦煌仏像の特色で、また、北魏で成立した褒衣博帯式の着衣は、漢民族の服制を取り入れて大袖の衣をまとい、X字状の天衣をつけている。南朝起源と考えられる飛天像の出現も注目される。ほっそりとした体に漢民族の衣裳をまとい、片膝を深く折って上体をそらせた姿勢が西域彫像の特色である。

　石窟内の壁画は白地に赤（朱）や青（群青）、緑色が多用され、鮮やかな色彩の対比がめだつ。第285窟の天井には女媧・伏羲、また壁にはヴィシュヌ神・シヴァ神などが描かれ、第249窟の天井にも阿修羅とともに風神・雷神や東王公・西王母の姿が見られる。いずれもインド風と中国風両方の要素が混合している。

　隋代の莫高窟開窟は100を超えるもので、壁面に千仏を描く例が多くなり、従来の仏・菩薩・仏弟子に新たに天王・力士の彫像が加えられた。壁画の主題において従来の仏伝図・本生図にかわって、法華経・維摩経など大乗経典を絵で表現した「経変画」が登場する。イランを起源とする連珠文の中に獅子、翼馬の描かれたものや、また連弁のある円環連珠文などが壁画の縁取りや塑像の菩薩の衣飾りに多用されている。

　唐代の敦煌は西域経営の拠点として栄え、現存する唐窟は200以上も数えられる。第386窟（675年）、335窟（686年）など初

敦煌莫高窟

唐の造形は肉体表現の緻密さと動きの自然らしさに富み、衣文もさらに写実的になった。そうした特徴のよく見られる第96窟の北大像は、高さ33mの巨大な彫像で、則天武后の延載2（695）年に造られたものである。

　塑像の表現手法が爛熟期を象徴する一方で、壁画も本生故事、神話が装飾意匠と組み合わさった仏教経典の説話図が克明に描かれるようになる。天宮の伎楽天・伎楽飛天を描写する仙楽、現世生活の結婚・供養・出行・舞踊・伎楽の諸場面を描く俗楽、そして浄土世界の舞楽天をも含めて、唐代壁画も輝かしい敦煌芸術の光彩を放つ。

古都西安を訪ねて　69

2. 洛陽・鄭州を訪ねて

王権国家の形成と確立

　河南省中部から山西省南部あたりは、中国古代伝説の五帝時代から初期国家の夏、商、周時代の歴史の舞台の中心であった。19世紀末、商代甲骨文の発見に続き、安陽殷墟の発掘では商代後期の宮殿建築址や王墓が3000年以上の眠りから蘇った。その後、偃師商城、鄭州商城、洹北商城といった殷墟以前の都城像も明らかになってきた。一方、商より古い二里頭文化の解明、さらに城壁で囲まれた仰韶、龍山文化の拠点集落遺跡も相次いで発掘された。こうした発掘により、中国王権国家の誕生と発展の歩みを明確に描けるようになってきている。

<鄭州西山>

　鄭州市西山の台地頂上では、5300年ほど前の仰韶文化後期に遡る集落城址が今でも畑のなかに横たわっている。
　西山遺跡は直径180mの円形を呈し、原始的工法で黄土を固めた約1.2m四方の版築による城壁が集落の周囲をめぐっている。この城壁は現在の地表下に埋まっているが、高さ3〜4.5mあり、黄河流域で発見された最古の城壁施設である。

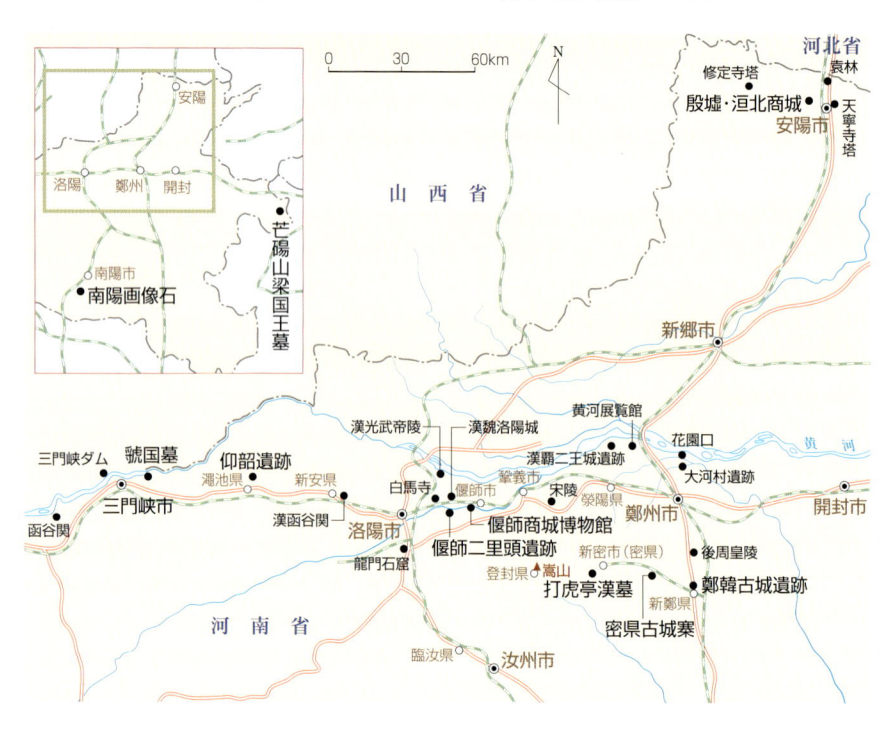

密県古城寨

　城内の中心広場は西城門の東側にあり、そばにある大型建物の基礎下からは祭儀に使われた生け贄らしい幼児や動物の遺骸が多数出土している。また、城内数カ所では大型建築址が見つかり、その周りにも幼児や成人の頭蓋骨、または牛・豚・羊・犬の骨および穀物などを埋納する祭祀遺構がいくつも発掘された。

　仰韶文化の特徴とされる合葬墓は城内の北側に集中する傾向がある。この西山仰韶文化の集落城址の築造用途とその意義については、今でも謎に包まれている。

＜密県古城寨＞ (地p.70)

　近年、河南省中部の川沿いの平原地帯で龍山文化時期の集落城址が相次いで発見・発掘された。遺跡からは銅滓や小型銅器もたびたび出土し、当時の冶銅技術の存在が確認されている。

　鄭州市の南約30km、新密市(旧密県)と新鄭市の境にある古城寨村は、今でもその名のごとく、地上高さ5～15mの城壁によって囲まれている。『密県地方志』によれば、この古城は西周時代の密国故城と記述されており、1990年代末、古城寨の発掘を実施するまでは、「密国故城」の名で河南省級文物保護単位として指定されていた。ところが、この古城寨の城壁や城内外の遺跡を一部発掘した結果、紀元前2300年頃に造営された龍山文化の集落城址であることが明らかになった。古城寨遺跡の歴史的意義を重んじて、2001年にあらためて全国重点保護単位まで昇格して認定された。

　古城寨遺跡は、溱水ともう１本の川の合流地点に位置し、河川の一部を利用し高大な城壁をめぐらせた城濠がつくられた。遺跡は長方形で、総面積16.5万km²、城内の東北部に大小建築址が集中している。釉陶を含む龍山文化の陶器や玉器が出土し、また卜骨、祭祀坑などの発見も少なくない。溱水の浸食によって城壁の東面が流されたが、他の三面は約4300年前の原風景がよく残されている。南北の城壁には相互対称の位置に一つずつの城門が設けられているのみで、非常に閉鎖的であり、防御を目的とされている印象が強い。

　古城寨遺跡の高い城壁も、黄土を固めた版築による初期段階の工法で造ったもので、

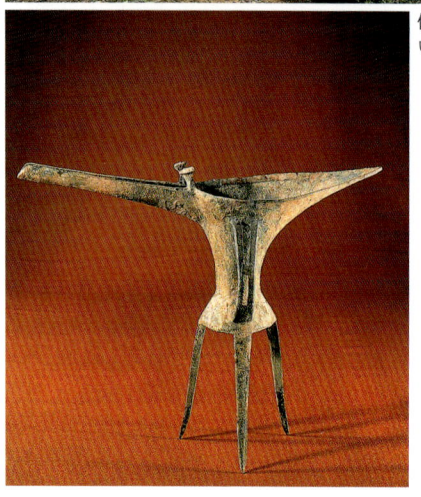

偃師二里頭遺跡　（上）現在は畑になっている遺跡。左の青い建物が調査室　（下）遺跡出土の平底銅爵

数十基の建物の跡が集中的に発掘されている。1号宮殿建築址は一辺100m余りの方形回廊に囲まれ、その北部中央には正殿と中庭がある。正殿と対置した宮殿の正門は南回廊の中央に設けられている。この形は後世の中国宮殿建築の祖形となっている。2号宮殿建築址はこれと似た配置で、ただ正殿の背後に大墓が見つかり、正門と対応して南北の中軸線とつながっている。墓は古くに盗掘され、被葬者の正体が不明だが、周囲に両手を縛られた人骨が十数カ所出土している。ここは王命の伝達や祖先の祀りなど王室の儀式をおこなう大切な空間であろう。

遺跡からは陶器、骨角器や青銅器の製作工房や墓地、住居址などが発掘され、洗練された生活陶器や玉器、青銅製の容器や武器も多数出土し、トルコ石象嵌の豪華な飾り板なども登場した。さらに、祭祀に関わる卜骨の検出や人間・動物の犠牲遺構もたびたび発見されることから、二里頭遺跡は宮殿を中心に都市機能を備えた王都である一方、宗教的センターとしての役割も大きかったことがわかる。

西山仰韶文化の城壁築造法を受け継いだことがわかる。そして、21世紀に入った今でも古城寨村民らはこの城壁に囲まれた村で畑作農業を営み、平和に暮らしている。

＜偃師二里頭＞ (地p.70)

河南省偃師市二里頭村周辺の、何の変哲もない麦畑の中に、中国初期国家の王都が静かに眠っている。

約2km四方に広がる二里頭遺跡には城壁施設が見あたらない。その中心部では宮殿区と思われる1、2号大型建築址や大小

偃師商城

　このような斬新な都の機能を備えた二里頭文化は、黄河中流域の龍山文化(→p.88)を受け継ぎ、また商文化に先行した独特なもので、伊水と洛水の間に拠点をおきながら、河南省西部や山西省南部という夏王朝に関する伝承の多い地域で広がり、紀元前2000〜1500年の間続いた。中国最初の王朝「夏」の王都と比定する仮説も有力視され、興味深い遺跡である。

＜偃師商城＞ (地p.70)

　偃師二里頭遺跡から東へ約6km進むと、偃師市尸郷溝という村の近くで商代前期(前1500〜1300)の王都遺跡にたどり着く。「尸郷」という地名は、古く漢代にも記録され、また、夏を滅ぼした商の湯王が夏の都の近く、この尸郷の地で城郭を築いて夏人を監視した、という伝承がある。

　この偃師商城は最初は小城だったが、のちにそれを拡張して南北1710m、幅1240mにまで増築した。粒子の細かい黄土を突き固めた版築工法で造られた幅約18mの四面の城壁には、それぞれ城門が設けられ、城壁の外は幅約8m、深さ約6mの環濠がめぐらされた。城内の中央南寄りに大・小城の宮殿区があり、中国宮殿建築に特徴的な左右に配置されたプランが見られる。城内の道路は整備され、積石や板材で造られた地下式排水溝は宮城から東の城門外に流れる。城内の南や東寄りには一般の居住区があり、墓地は城内の北部に集中している。東北隅の城壁内外には青銅器、陶器などの工房跡が分布しており、遺跡からは青銅製礼楽器や人間・動物の骨を埋納する祭祀用犠牲坑が存在する。

　この時期の商の王都は都城空間の拡張、階級の分化などの面においてかなり進んでいたことがうかがえる。

　偃師商城の立地は二里頭遺跡とも接近しており、それらの存続時期や文化様相、あるいは古来からの伝承との関連性も興味深い。この両遺跡に代表された夏・商という時代の興亡と交替を物語る好資料である。

　現在、遺跡の西北側に偃師商城博物館が開設され、遺跡を散策しながら一部の出土遺物を鑑賞することができる。

鄭州商城の城壁

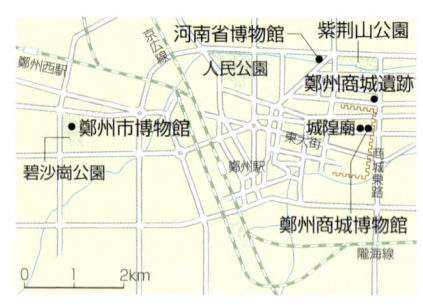

鄭州市街

<鄭州商城> (地p.74)

　現在の鄭州市の市街地に広がる商代前期の王都鄭州商城は、ほぼ長方形で、偃師商城のおよそ2倍に相当する。紫荊山公園をはじめ、市内の各所に幅約30m、高さ5mの城壁が延べ7kmにわたり残されている。宮殿区と思われる大型建築址が城内の中央や北東あたりに見つかり、その中に井戸や排水施設も整然と配置されている。大型建築址付近の溝の中からは、3カ所に分けて埋葬された人頭骨100体余りが出土し、また、城内の東北隅には文字の刻まれた卜甲・卜骨が発見された。さらに、生け贄とされる人間・豚・犬の骨を埋納した祭祀遺構が出土し、当時の王権による祭祀・犠牲行事の凄まじい光景を彷彿させる。

　城内では青銅器を副葬する大型墓や陶器、骨器、青銅器の生産工房も相次いで発掘された。この時期としては非常にめずらしい釉陶や白陶、この時期にはじめて出現する大型でかつ精緻な文様と造形の青銅器が多く出土し、青銅器鋳造をはじめ手工業生産の技術が発達していたことがわかる。

　このように大規模な鄭州商城は、王都としての発達が十分見られる一方、宗教センターの役割を示す跡も多く見られる。

　鄭州商城の調査と研究は現在も継続中で、一部の遺構や遺物を陳列する遺跡博物館が市の中心に開設されている。

<安陽洹北商城> (地p.70、75)

　安陽市小屯殷墟遺跡の北東に位置する商代王都の一つである。1960年代に、安陽三家荘でやや古いタイプの青銅器をまとめて穴に埋めた遺構(青銅器窖蔵)が発見された。80年代前後には、その付近の商墓や遺跡の発掘が続き、ほぼ同型式の青銅器や多量の土器が出土した。この遺跡の本格的な発掘は2000年に入ってからで、商代の城壁や宮殿区の存在が確認され、その造営の年代は殷墟より古く、鄭州商城より新しいとされた。

　城郭は一辺約2.2km四方で、幅7〜11mの城壁で囲まれているが、城壁外の環濠は見あたらない。城郭内の南寄りに宮殿区らしい大型建築址が30基余りあり、ほぼ南北中軸線沿いに配置されている。そのうち、1号大型建築址は横長の「回」字形を呈するもので、面積が1.6万km²である。

　その北部中央には主殿が配置され、60mの高さの基壇が出土した。基壇の上下とその中庭からは、人骨、または羊を中心に猪や大型哺乳類動物を埋納した土坑が計40カ所見つかり、宮殿の門楼付近にも鋭

で半分に斬られた人頭骨を含む肉食供献らしい埋納坑が20カ所あった。

城郭の東には一般の居住区が集中し、その周辺には墓地がある。洹北商城の発掘調査は今なお続いている。

＜安陽小屯殷墟＞ (地p.70, 75)

19世紀末、北京で漢方薬として仕入れられた「龍骨」の上に、未知の古文字が刻まれていることを、清王朝の高官王懿栄らが確認し、のちに羅振玉らの調査でそれが甲骨文字であることがわかった。甲骨文字は商代の古文字で、その出土地が安陽小屯付近にあり、『史記』に伝えられてきた商の一つの都（殷）の所在地と一致するものだと指摘されてから、「殷墟」の名が世界中に知られるようになった。1928年、中央研究院によって殷墟の発掘が始まって以来、21世紀に入っても調査と研究は続行している。

殷墟という商代後期の王都遺跡は安陽市小屯村を中心に、洹河の南北両岸に広がっている。紀元前1300年頃、商王盤庚がこの殷に都を移してから、帝辛（紂王）の滅亡まで約270年間続いたが、のちに世紀流転の風雲に埋没し、約3000年間の歳月を経過した。殷墟では城郭こそ未発見だが、洹河と溝が東西6km、南北5kmの遺跡全体を囲む立地となっている。

洹河南岸の小屯村東北地には宮殿・宗廟建築址が集中的に配置され、大型建築址の

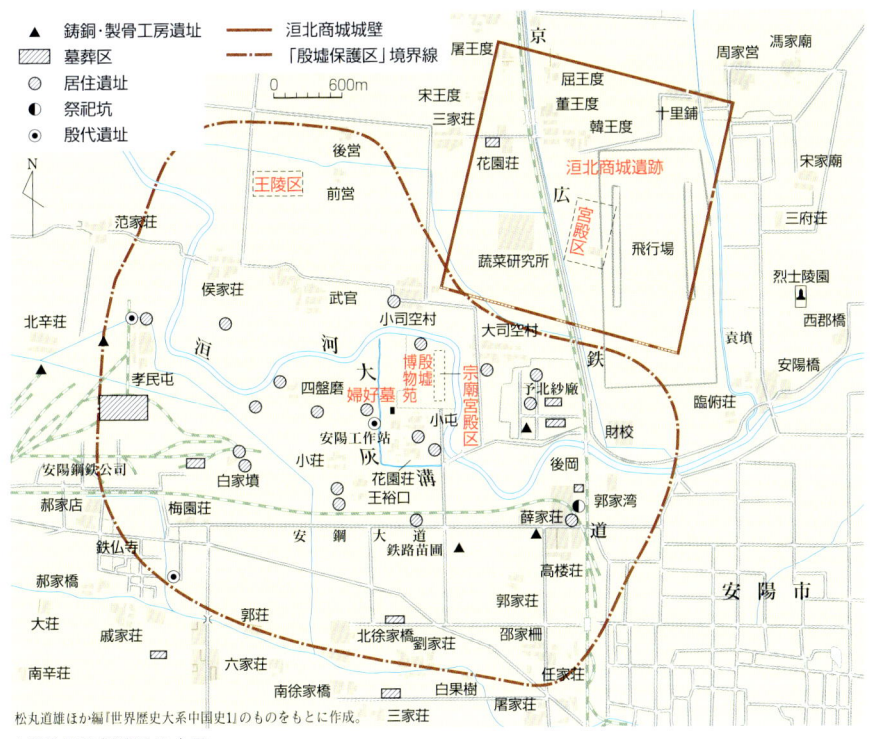

安陽殷墟殷代遺跡分布図

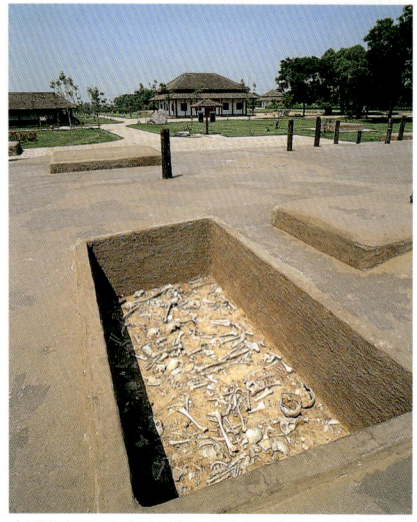

安陽小屯殷墟　（上）外観　（下）復元された祭祀遺跡

物語る。

殷墟の王陵区は洹河北岸の侯家荘西北崗にあり、ここで王墓クラスにあたる大型墓がすでに13基発掘された。深さ15mの墓壙には人間・動物の犠牲坑が伴われ、当時の王陵としては最大の規模を誇っている。この王陵区の東部あたりに人骨、動物骨を埋めた土坑が191基あり、首のない人骨は1178体に達する。その南部に馬の犠牲坑が30基あり、計117頭の馬骨が出土した。殷王の葬送儀式に使われた生け贄の類と思われる。

また遺跡からは、陶器、骨器の製作工房や一般住居址の跡が見つかり、車馬坑付きの王室貴族墓も多数発掘された。出土遺物は青銅器、玉石器、陶器、漆器、骨製品など、多岐にわたる。殷墟の青銅器は礼楽器が多く、上下左右のいくつもの鋳型を組み合わせることで写実的な造型を可能にし、また器種の多様化も進み、青銅製の馬具や戦車の飾りなども同様に発達した。その最たるものは、重厚な造形や精緻な文様、王名入りの銘文を特色とした司母戊方鼎（重さ875kg、中国国家博物館蔵）である。殷墟青銅器の表面には符号や文字、饕餮とよばれる複雑な神獣文が鋳込まれたり、トルコ石が象嵌された象牙杯もあり、みな商代の独特な美意識に由来するもので、古今の人々を魅了する。

今、敷地内には復元された宮殿などが並び、殷墟博物苑という名の遺跡公園として保存・整備が進められている。

＜殷墟婦好墓＞

殷墟宮殿区の中で、かろうじて盗掘をまぬがれた商の王室墓が発掘された。墓壙の上方には建物らしい遺構があり、深さ8m

基壇は一辺約20～50mに及ぶ。小屯乙7建築址の南面や基壇の下には、人骨や馬車、動物・家畜の生け贄を埋納するおびただしい祭祀遺構が順序よく並び配置されていた。それに隣接する乙12建築址からは、占いに使った亀の甲を詰め込んだ土坑が見つかった。商王の占卜甲骨を含んだ甲骨片の出土は1万9000点にも達する。これら甲骨文の記述を具体的に調べてみると、祖先祭祀、気候、農作の豊凶、軍事、病気など、その大半は祭祀関係の内容を占め、一種の神権政治を象徴するものである。中には王が神に聞く文言を記録した甲骨文も数々検出され、歴代の商王がここで祖霊を祀る儀式や犠牲行為を繰り返しおこなったことを

の竪穴墓壙の底部に造られた大型木槨（長さ5×3.6m）の内・外から、1928点を数える青銅器、玉石器、骨器、陶器などが出土した。青銅製礼楽器が槨内の四面壁沿いに並んで置かれ、刃の鋭い銅鉞や銅鏡、トルコ石象嵌の象牙杯などめずらしく貴重なものもあった。被葬者は

殷墟婦好墓

龍・鳳・怪鳥や人物の造形をリアルに仕上げた彫刻玉器、貝器を身にまとっていた。槨と棺の周辺からは殉死者の人骨16体や犬6頭が発見され、被葬者の身分が高いことを示している。

　出土したおびただしい青銅器の中で、銘文が鋳込まれたのは190点あり、とくに「婦好」という名が明記されたものが111点を占める。したがって被葬者は婦好本人である可能性が高い。殷墟の甲骨文にもこの「婦好」と同じ人名が見られ、その記述内容からみると、「婦好」という人物は、第22代商王武丁の3人いた配偶者の一人に該当する。現在、殷墟博物苑の一隅で婦好墓の遺構を一般公開している。

＜洛陽東周王城＞ (地p.85)

　文献によれば、商を破った周は、西安近くの鎬京（→p.30）を都としたが、商の残存勢力を監視するための城（成周城）と、諸侯たちに君臨するための城（王城）を洛陽の地に築いたという。前770年頃、周の平王が洛陽に遷都したあとは、この王城を都とした。1960年代から続く考古学調査によって、王城とみられる城壁の一部が見つかり、洛陽王城の範囲が澗河の両岸にまたがっていたことも明らかになった。

　王城の西南隅には宮殿区があり、その北には一般住居や生産工房があった。そして、城郭の東南寄りに春秋戦国期の大型墓や車馬坑、大小様々な周代の墓などが相次いで発掘された。洛陽4号大墓からは「天子」という墨書文字が明記された石製の圭（祭祀用の品）が発見されたり、洛陽市第27中学の大型周墓からは「王作宝尊彝」との銘文が鋳込まれた銅鼎も出土したりして、洛陽王城の実像が徐々に蘇ってきた。

　2002年秋から冬の調査では、実用の馬車の行列が並ぶ、長さ42mに及ぶ大きな車馬坑が発掘された。長方形、楕円形、四方形とその車体はじつに多様で、車を引く馬は一般に二頭立て、四頭立てだが、六頭立ても1組見つかった。それは文献に曰く「天子駕六馬」の実物の発見として最も注

古都洛陽・鄭州を訪ねて | 77

目されている。

現在、河洛文化広場に遺跡博物館を建設中で、まもなく約2600年の歳月を超えて周の天子の車馬と対面することができる。

<三門峡(上村嶺)虢国墓> (地p.70)

洛陽市内から西へ高速バスで1時間半走ると、黄河南岸に位置する三門峡市に入る。ここは紀元前9～7世紀にかけて、虢国の文化が華開いた。もともと、周の武王のとき、王の兄弟が西虢(陝西省宝鶏市東)の地に封じられ、のちに平王の東遷に従い、虢も三門峡市あたりの上陽の地へ移り、紀元前655年、晋の攻撃を受けて滅亡するまでここを虢国の都とした。

虢国の上陽古城址は現在の三門峡市街地に重なり、その北へ5kmほど離れた黄河岸の台地上村嶺には、西周～春秋時代の虢国王室貴族の墓地が広がっている。

これまで、この上村嶺一帯で発掘された大小の虢国墓は、すでに800基以上にのぼり、出土した副葬品も3万点を超える。1990年代初め、保存状態のよい虢国大墓(2001号墓)が発掘され、九鼎や編鐘をはじめ数々の青銅礼楽器や銅柄鉄剣、革製甲・盾、陶器、木器、竹器および被葬者の身につけて飾る玉石器、麻布製品など、多彩多様な副葬品の数は合計3200点にも達した。銅柄鉄剣の剣身部分は錬鉄塊から鍛造した中国最古の鉄製品である。金飾りを綴り合わせた帯金具、玉片を綴ったマスクなどもめずらしい。銅鼎、編鐘などいくつかの青銅器に「虢季」という人名が鋳込まれていることから、被葬者は西周後期(前8世紀)の国王虢季である可能性が高い。

現在、虢季墓を中心に陪葬墓、夫人梁姫墓、太子墓の1～3号車馬坑が保存・整備され、おのおのの遺構から出土した遺物の精粋を一堂に集めて虢国博物館が開設された。

<鄭韓古城> (地p.70)

河南省にみられる春秋戦国の遺跡をもう一つ紹介しよう。鄭州市の南へ約35km離れた新鄭市の町に入ると、そこにそびえる高大な城壁と濠がすぐ目に入る。ここは鄭(前770～375)、韓(前375～230)が前後してそれぞれの国都と定めたところで、延べ539年間続いた都市遺跡である。

鄭韓古城は黄水河(東)と双洎河(西)の間に造営され、広さは約25km²で、河川沿いに築いたため、不規則な形をしている。高大な城壁が古城をとりまいており、その当時の姿が今でもところどころ遺され、現存する城壁の最も高い所で15mある。自然河川を利用して作った外濠(護城河ともよぶ)は幅広く、今でも透明な水が重厚堅実な城壁を照らしながら、古城往日の繁華を偲ばせる。

古城全体は東、西の2城に分かれ、西城は宮城として造られ、その中央部と北部には大型建築址が密集し、高さ8mの建物の基壇もある。建築址の周りには祭祀坑や井

鄭韓古城

戸、貯蔵穴などが発見されている。また、宮城南部の李家楼一帯に鄭の貴族の墓地があったこともわかる。

西城の宮城に対して東城は郭城（おもに都を護る役割）をなし、城内には青銅器、鉄器などの鋳造、生産工房の存在が確認され、韓の銅製兵器を貯蔵する土坑も見つかっている。

鄭国の王室墓地は、城郭内の中央部にある。2000年以来、6基の大・中型墓と2基の車馬坑が相次いで見つかった。1号墓は三重の大型木槨を一辺の長さ21ｍの竪穴墓壙に深く埋めたもので、墓壙の西側と南側の傾斜墓道にも多数の実用車馬の副葬が発見された。この墓は何度も盗掘にあっている。残された副葬品は青銅器・鉄器・玉石器・骨器など200点余りある。1号車馬坑は約10ｍ四方の竪穴で、計22台の実物大の馬車で埋め尽くされている。車馬坑の埋葬空間が限られているので、通常の車馬行列を並べて置くのは難しかったためか、径1.4ｍの車輪を車体から外し、坑壁に立てて並べてある。車体を縦横に隙間なく詰め、車馬具はそろえて被葬者の棺槨内に入れ、車を引く馬はみな毒殺させて車体の下に埋めてある。

鄭国大墓と車馬坑の発掘は現在でも続いており、遺跡の保存・整備も同時進行している。最近、これらの最新成果を展示する鄭国王陵博物館がオープンし、鄭の王墓や臣侍の陪葬墓、車馬坑などを紹介しているが、春秋戦国時代の鄭韓古城の輝きと雄風を感じさせる展示である。

漢・唐文化の開花

洛陽の都が再び日の目を見るようになったのは、後漢の時代である。後漢の光武帝は洛陽の邙山台地と洛河北岸の間に帝都洛陽を創設した。のちに三国魏、西晋、北魏も洛陽に都をおき、帝都文化の輝きを受け継ぎながら新たな発展をとげ、隋唐時代の東都洛陽城の繁栄に至り、古都長安と肩を並べて都城文化の異彩を放っていた。

＜漢魏洛陽城＞ 地p.85

洛陽市から東へ車で約15km走れば、漢魏洛陽城遺跡にたどり着く。

後漢の建武元(25)年、漢帝国の栄光を再び興起するために光武帝劉秀は長安城を改め、洛陽の地を選んで新都城を築き上げた。それを全般的に受け継いだ三国の魏時代には、後漢洛陽城の西北隅の高台に防御用の金庸城が増築された。西晋、北魏の諸王朝も引き続きこの地に都をおいた。北魏洛陽城内に仏教寺院がひしめくように建ち並ぶ様子や城の中心にある市の賑わう情景が『洛陽伽藍記』に描写されている。

漢魏洛陽城は縦長の長方形で、城壁は洛河の侵食によって削られた南城壁を除いて

漢魏洛陽城城壁跡

他の三面(幅14〜20m)は今でも残っており、計10カ所の城門があったことも確認されている。城郭の南には後漢の霊台の方形基壇や太学遺跡もよく遺されている。霊台とは、中国最古の天文台で、後漢の天文学者張衡がこの場所で地動儀を作製し、天文学の著作『霊憲』を執筆していたと伝えられる。太学とは、後漢の建武5(29)年に創設された官府大学で、有名な拓本「熹平石経」(175年造)の残石が城南の開陽門外の建築址から出土した。そこに列を作って並んでいる長方形の建築址群は中国最古の官府太学遺跡であろう。漢の太学を受け継いで「正始石経」(241年)を新たに建て、それが後世に儒家経典の正本として知られるようになった。宋代以降、太学遺跡から石経の残石がときおり出土し、近年にも『尚書』『儀礼』『春秋』の残片が発見された。

魏代に増築された金庸城は北・中・南という三つの小城からなり、各自が門道を設けてつながっていた。背後には邙山をひかえ、南に洛陽全城を俯瞰するという防御に適した位置にあった。

北魏洛陽城になると、著名な永寧寺(→p.84)の創建をはじめ、城郭内に大小仏教寺院の増加が見られる。宮城は縦長の長方形で、内城中央の北寄りに造られ、その南壁の門は宮城の正門とされ、そこから南へ宣陽門に延びる銅駝街(幅42m)が都城内の中軸線となっている。銅駝街の両側にはいくつかの大型建築基壇が見つかり、時の官署、太廟などの建築址にあたる(『洛陽伽藍記』巻1)。また、東西城壁の門道を結ぶ道は全城を横断する大通り(幅35〜51m)となった。

現代の都市から少し離れて立地する漢魏洛陽城遺跡は、今なお麦畑の中に横たわっ

芒碭山梁国王墓の天井壁画

ている。

＜芒碭山梁国王墓＞ (地p.70)

漢代は郡国制という制度をとり、一族、功臣を各地に封建して一定の支配権を分与した。そうした地方諸侯王の一つが梁国である。紀元前202年に封じられ、秦の碭郡(現河南省の東端永城県一帯を中心に、安徽省碭山、亳州や山東省陽谷、聊城)を領地とした。前168年、5代目の梁孝王劉武は漢代の交通の要衝地、河南の地睢陽(現商丘市)に国都を定めた。豊かな自然資源に恵まれ、中央政権との親密な関係をはかりながら、経済・軍事・文化ともに発展し、前漢の諸侯大国の一つにまでなった。約100年間に延べ8代9人の梁国王が河南省永城県にある芒碭山の地に陵墓を造営した。

芒碭山は、県城址の北東30km離れた所に群在する石灰岩山峰を総称する語で、大小山峰の海抜は70〜150m、山頂に登ると、広大な黄淮平原を一望できる。この芒碭山の谷間は古くから河湖が流れ、風水にもかなう良い土地柄である。この山の周辺、およそ10kmの範囲に保安山、夫子山、黄土山、芒山、鉄角山、南山、窯山、僧山といった独立する諸山峰があり、それらの山頂部から、約20基の大型墓が相次いで発掘された。

そのうち、保安山1、2号墓は最も複雑で、かつ漢代王墓のうち最大の規模を誇る埋葬施設である。横に並んだ両墓の全長は60mと210mで、ともに岩山をくりぬいて造られており、崖墓ともよばれる。この崖墓の主室は四方形で、被葬者の眠る空間とその前に備えた祭祀空間からなり、天井高3～4mの回廊施設を一周めぐらせている。棺室の付近には井戸、厠、行水施設が精巧に造られ、羨道や主室の両側には車馬や武器、生活用品を並べ入れる貯蔵空間があり、排水道や暗渠は玄室全体につながる。2号墓の地下玄室はあわせて36室、まるで巨大な迷路のようである。1号墓の墓道開口部では祭祀用の寝殿建築址がほぼ完全な形で発掘された。そこから「孝園」という銘文を刻んだ瓦当が出土したため、この墓は梁孝王の墓である可能性が高い。また2号墓の陪葬坑からは「梁后園」の銅印が検出された。立地と配置関係をあわせて考えると、梁孝王夫婦の「同塋異穴」の埋葬であろう。

　保安山梁王墓と隣接して柿園漢墓がある。これは前者の回廊施設を省略した形の大型崖墓で、主室平頂の一面に飛雲や四神図などの壁画が鮮やかに描かれている。さらに、窯山・僖山の梁国王墓は大型石室墓である。これら芒碭山梁国王墓のほとんどが盗掘に遭い、残された副葬品は小型の青銅器、鉄製品や金メッキの車馬器および陶器、玉器の一部などであった。

　梁国王墓群の陵墓施設の雄大壮麗さは、漢代王朝文化の精粋を誇るものである。現在、保安山1、2号墓、柿園漢墓が現地で保存・整備され、地・県文化局に事前連絡をとれば、崖墓内の見学ができる。

南陽画像石墓

<＜南陽画像石＞> (地 p.70)
　河南省南陽市を中心とした地域は、前漢の南陽郡の領地にあたり、東西南北につながる古代交通の要地で、製鉄などの手工業、農業、そして商業により繁栄し、当時洛陽、臨淄、邯鄲、成都と並ぶ漢の五大都市の一つであった。後漢の開国皇帝劉秀はこの南陽の地で政治・経済の勢力を蓄えたこともあり、のちに「帝郷」「南都」とも称された。

　南陽周辺で出土した画像石は、前漢後期～後漢末にかけて造られたもので、浮彫りや浅彫りで漢代の社会生活や神話伝説などを主題に多様なモチーフが刻まれ、漢代南陽郡の富と繁栄を物語っている。他地域の画像石に比べれば、1枚切石に一つの主題を大画面に描くのが特徴で、写実と抽象の表現手法を織りまぜながら、単純・明快な構図が印象的だ。

　1920年代初め、南陽画像石のモチーフと造形が時の文人学者を魅了し、魯迅をはじめ多くの人々による南陽漢画の拓本収集や研究活動が一時盛んになった。35年に、傑作を118点集め、南陽漢画館が開館した。現在、館内の画像石収蔵数は当時の10倍以上で99年の三度目の新築によって、収蔵・展示・研究はより充実してきて

洛陽・鄭州を訪ねて 81

いる。

　現在、南陽漢画館は収蔵画像石を彫刻題材別に分類し、従来の陳列を一新した。生業・漁労・収穫から始まり、門闕建築・庁堂楼閣に続き、車騎・出行・遊猟・饗宴・舞楽・雑技百戯や角技・闘獣・武士・狩人が並ぶ。「鴻門宴」などの歴史物語、西王母・羽人昇天・崑崙昇仙の神話伝説、また、玄門の鋪首（門扉飾りの金具）に飾られた四神（青龍・白虎・朱雀・玄武）図や力士図などをテーマ別に順次展示する。最新の照明効果で漢画の神秘さをいっそうかきたてている。宮殿楼閣建築のリアルな静物描写とは好対照に、人間や動物、車騎の造形は簡潔明快で、躍動感に満ちたものが多い。画像石の数々は2000年前の漢帝国の姿を濃縮して映し出しており、漢代の社会生活をパノラマ風に展開してわれわれに見せてくれる。

　一方、南陽画像石墓の典型例として知られている「馮君儒人墓」は、南陽駅付近の南陽市博物館（武侯祠）の敷地内に移築され、一般公開している。すぐ北にある漢画館の常設展とあわせて見ると、南陽漢画の魅力をよりいっそう味わうことができる。

＜打虎亭漢墓＞ (地p.70)

　河南省新密市（旧密県）南西4kmの打虎亭村で後漢の大型墳墓が発掘された。地上は2基の大型円墳が30mの間隔で横並びに築かれ、地下に磚・石造の玄室が配置されている。ここで最も注目したいのは、保存状態のよい巨大な玄室構造と玄室内の壁や天井に飾られた画像石と壁画である。

　この打虎亭漢墓の両玄室は全長25m前後で、ともに前室・中堂・後室を中心に副葬品の置かれた側室が加わる。後室は被葬者が永遠の眠りについた空間で、その手前、アーチ頂を持つ高大な中堂は石造の祭壇があり、被葬者用の祭祀空間として設けられている。

　1号墓は画像石彫刻が特徴で、室内の壁に「迎賓図」「車馬出行図」「饗宴図」、また神聖な鳥獣文、雲文が天井一面に刻まれ、神仙世界の理想郷が描かれている。2号墓は壁画描写が特徴で、玄室の壁一面に石灰を塗って様々な図案を多彩に描いている。そのうちの「迎賓図」「狩猟・車騎図」「相撲図」「祭祀饗宴図」などがとくに構図と造形が精巧繊細で、表現力も優れている。さらに両大墓の玄門は、ともに鋪首を中心に朱雀、玄武、青龍、白虎や雲文の浮彫りがみごとである。

　近年、両大墓の保存事業が進み、地上・地下の遺跡がともに整備され、打虎亭漢墓博物館として開設され、修復後の玄室壁画・画像石が一般公開されている。

＜洛陽古墓博物館＞ (地p.85)

　洛陽市の北に位置する邙山台地の上に異色の遺跡博物館がある。洛陽邙山は、後漢南北朝から北宋時代まで帝王陵墓を中心に

打虎亭漢墓

歴代の墓葬区として知られ、大小様々な墳丘が点在している。

古墓博物館は、洛陽周辺で発掘された歴代古墓の典型例を館内の展示ホールに移築し、常設展示している。博物館の正面玄関は、漢代の石闕(せきけつ)(社会等級身分を象徴する左右対称の門楼装飾構造形)をアレンジしたもので、館内建物の外観も古代建築様式を模しており、地上と地下の展示ホールに分かれている。地上の展示ホールは、邙山古墓の分布模型や古墓のレプリカをメインに中国歴代古墓の構造を概説する。地下の展示ホールは、回廊形の地下空間で、典型的な磚室墓22基を前漢、後漢、魏晋、唐宋といった時代順に配列し、四つの展示コーナーを設けてそれぞれ埋葬時のまま再現している。まるで古代世界を覗くタイムマシンのようである。

漢墓コーナーは壁画墓や画像磚墓の実例を展示し、壁面に天文、神獣、昇仙図や饗宴、歴史故事図などがリアルに描写されている。魏晋コーナーは玄室の内部構造がいっそう整い、壁画も鮮やかである。唐宋墓コーナーは玄室内の門・窓彫刻が精巧で、天井も装飾を凝らして豪華さが際立つ。入館者は個々の玄室の中へ出入りし、建築構造の細部や鮮やかな壁画を身近に鑑賞することができる。歴代古墓の実例展示をとおして、古代人の造墓の知恵や墓に映し出された人々の精神世界を垣間見ることも興味深い。

<白馬寺>(はくばじ) (地p.70、85)

洛陽市の東12km、中国最初の仏教寺院と伝えられる寺院で、東の漢魏洛陽城までわずか1.5kmの距離である。伝承によれ

洛陽古墓博物館

ば、後漢の明帝(めいてい)(在位57～75)が夢のお告げによって西方の聖人の教えを求め、使者を派遣し、彼らに伴われて摂摩騰(せつまとう)・竺法蘭(じくほうらん)という2人の天竺(てんじく)僧が白馬に経典と仏の画像を載せて洛陽に来朝した。朝廷は彼らを迎え入れ、白馬寺を建てた。ここで最初の漢文仏経典『四十二章経(しじゅうにしょうけい)』が訳されたという。

この中国仏教の「祖庭(そてい)」「釈源(しゃくげん)」とされた白馬寺は、三国魏、北魏、隋唐時代に歴代政権による寺院の再建と修復が繰り返された。唐末の戦乱にまみれたのち、宋代の再建、元代の大規模な増築、そして明清、国民政府や新中国に至っても整備・修復事業が進められ、今の白馬寺の原形となったのである。

現在、白馬寺の山門から北に向かって、天王殿・大仏殿・大雄宝殿・接引殿・清涼台・毘廬閣(びるかく)などの伽藍が中軸線上に並んで建てられている。約2000年前に仏教伝来の役割を果たした白馬が現在、彫刻石馬に姿を変えて白馬寺正門の前方両側に立って旅人を迎えている。

洛陽・鄭州を訪ねて | 83

北魏宣武帝景陵

<永寧寺遺跡> (地p.85)

　永寧寺は漢魏洛陽城(→p.79)内に建てられた最大規模の仏寺の一つである。北魏の孝明帝熙平元(516)年、孝明帝の母霊太后胡氏により創建されたこの寺の中心は、高さ100m以上と伝えられる木造九重塔と塔北側の仏殿であった。この高大な永寧寺木塔が百里離れた場所でも見られ、塔上各層の軒先にかけられた金銅製の風鐸の音色も遠く十余里まで聞こえたという。しかしながら、534年冬の雷によってこの九重木塔が焼け落ちてしまい、まもなく東・西に分裂した魏が都を移り永寧寺も廃棄された。

　永寧寺は、漢魏洛陽城の宮城南の繁華街に立地する。これまで3回の発掘調査によって、寺院の範囲、楼閣建築風の四つの門跡、九重木塔跡、塔跡の真北約60mの地点にある仏殿遺跡などが明らかになった。寺院中央の木塔跡は約100m四方で、塔の基礎部には一辺38.3m、残存高2.2mの方形基壇や掘込みが遺され、また基壇の外装として切石が使用された。基壇の上面には124本の柱礎石が整然と並び、日干しレンガを積み上げた方形塔心がある。一辺19.8mの方形塔心の東・南・西の三壁面には、仏像を奉納した龕が遺されている。そこから剥落した泥塑彫像の残片が如来・菩薩像や弟子像、世俗の人物像など様々あり、豊かな表情や手足のリアルな造形はじつに美しい。

　一方、永寧寺木塔跡の周辺からは浮彫りの欄板石、石彫獣首飾りや蓮華文、獣面文瓦当など、当時の豪華な装飾建材が出土している。こうして国の力で営まれた永寧寺は、まさに北魏洛陽城のシンボルで、「土木の功をつくし、造形の技を極め、仏事精妙にして、不可思議なり」とうたわれた豪華な貴族文化の開花を象徴するものである。現在は塔跡が発掘後の状態で保存され、方形の建築プランや整然とした礎石の列などが残っている。

<北魏宣武帝景陵> (地p.85)

　宣武帝の景陵は海抜250mの邙山台地に位置し、北は黄河、南は洛河、伊河を臨むことができる。径約110mの高大な円墳

唐代東都洛陽城遺跡　　　　　　　　洛陽城の城門址

を持ち、墳前の両側には高さ2.9mの石刻武士像が二列に立ち並んでいた。地下は磚造りの単玄室構造で、6.9m四方を呈し、ドーム上の天井の高さが9.4mに達する。

　何度も盗掘されたため、室内には龍柄鶏首青磁壺（りゅうへいけい しゅ）や唾壺、陶盆、陶硯などの破片しか残されていない。この景陵近くに洛陽古墓博物館(→p.82)があり、そこで景陵の地下建造物の保存と地上陵園建築の整備・復元したものを一般公開している。

＜隋唐東都洛陽城＞ (地p.85)

　605年、隋の煬帝（ようだい）が漢魏洛陽故城の西約9kmの地を選んで、あらためて広大な新都城の造営を始め、西の大興城（だいこうじょう）（長安）に対して洛陽城を東京（とうけい）と称した。また、都城の

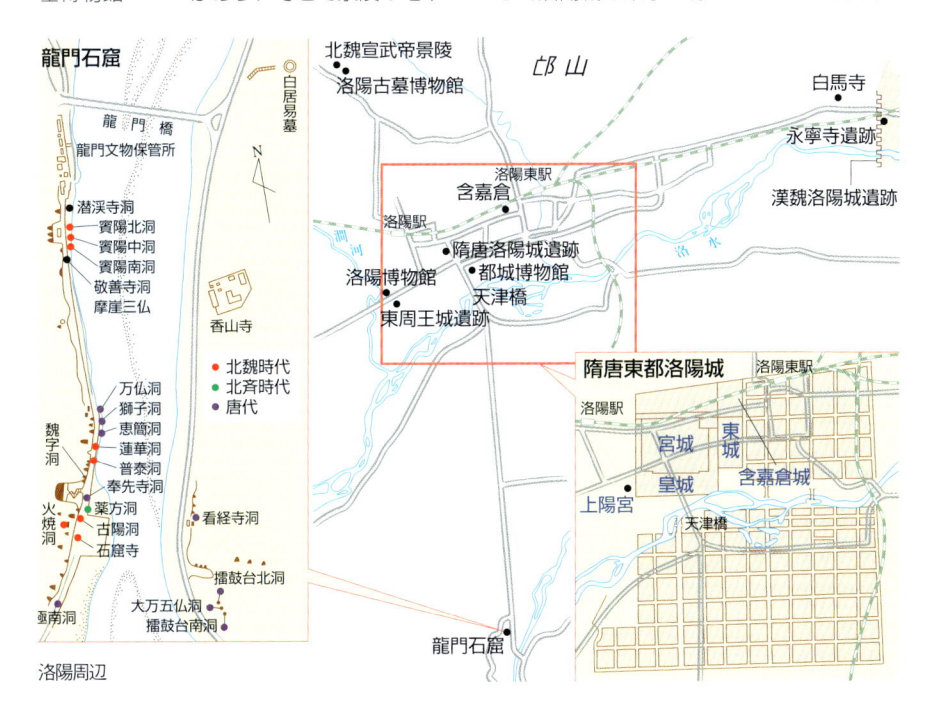

洛陽周辺

龍門石窟
白居易墓
龍門橋
龍門文物保管所
潜渓寺洞
賓陽北洞
賓陽中洞
賓陽南洞
敬善寺洞
摩崖三仏
万仏洞
獅子洞
恵簡洞
魏字洞
蓮華洞
普泰洞
奉先寺洞
薬方洞
火焼洞
古陽洞
石窟寺
蛋南洞
大万五仏洞
擂鼓台北洞
擂鼓台南洞
看経寺洞
香山寺

● 北魏時代
● 北斉時代
● 唐代

北魏宣武帝景陵
洛陽古墓博物館
邙山
白馬寺
永寧寺遺跡
漢魏洛陽城遺跡
洛陽東駅
含嘉倉
洛陽駅
隋唐洛陽城遺跡
洛陽博物館
都城博物館
天津橋
東周王城遺跡

隋唐東都洛陽城
洛陽駅
宮城
東城
皇城
含嘉倉城
上陽宮
天津橋
洛陽東駅
龍門石窟

洛陽・鄭州を訪ねて 85

運営をはかるため、運河開鑿も同時に促進した。唐代になると、首都は長安城に定め、洛陽は陪都とされ、則天武后のときに洛陽を「神都」とし、つねに長安城と洛陽城を行き来したことで、両京とよばれるようになった。のちに安史の乱を境に、繁栄した隋唐東都洛陽城も荒廃の途をたどった。

隋唐東都洛陽城は洛水をはさんで南北に広がり、北は邙山、南は伊水に臨んで郭城、皇城、宮城、東城および含嘉倉城といった5大区域から構成される。郭城はやや長方形で、高大な城壁によって厳重に囲まれている。皇城は洛陽城内の西北隅にあり、皇城の内側やや西寄りに宮城があった。東城は宮城と隣接しており、その北側には含嘉倉城が配置されている。また、皇城の南西あたりには、上陽宮や東都苑など洛陽城の離宮建築址の存在が明らかになった。

これまで、宮城の南西に正門応天門や円壁城南門をはじめ、計5基の城門跡が発掘された。いずれも版築技法で造った高台、門道、門闕・飛廊・楼閣からなり、洛陽城の壮麗さを示している。城内の一般道路は幅55〜70mで、主要な大道の幅は70〜120mあり、その両側には排水溝が整備されており、洛陽城内の生活排水や産業排水の排水溝の役割を果たしていた。さらに、洛陽城全体は洛南と洛北の里坊区に分かれ、計109の坊と南・西・北市の3市が配置されている。各里坊は交差する道路があり、各里坊の間にも街路が区画される。隋唐東都洛陽城は中国古代都城の建築設計と思想理念を極めたモデルといえよう。

現在隋唐東都洛陽城の宮城正門応天門遺跡に都城博物館が建てられている。市中心の定鼎南路はこの応天門跡の中央部を貫い

含嘉倉遺跡

ている。定鼎路の洛河にかかる洛陽橋畔に洛陽八景の一つ、隋唐時代の名浮橋「天津橋」の跡がある。また、洛陽市春都路南の郵便局の構内には、宮城北にある円壁城の南門基壇がよく遺され、これら洛陽城遺跡から出土した遺物の多くは洛陽市博物館に展示されている。

＜含嘉倉と含嘉倉城＞

今の洛陽市老城区の北、隋唐東都洛陽城の宮城東に所在する国家レベルの大型穀物倉庫群である。隋の煬帝の大業年間（605〜618年）に創建されてから、唐・北宋時代に至るまで、約500年間使用されていた。倉城は、縦長の長方形で、総面積は43万㎡にも及ぶ。四面に城壁が築かれ、南・北・西城壁にそれぞれ1基の単門道城門があった。

これまで、穀物を貯蔵する大型の地下糧窖（倉庫）が計287基あり、そのほとんどは倉城の東北隅と東南隅に集中的に配置されていたことも確認されている。これらの地下糧窖は、深さ6〜10mのすり鉢状に造られ、普通の口部直径は10〜16mである。含嘉倉城内の備蓄穀物は全国各地から集積されてきたもので、唐代朝廷が官員を派遣して管理していた。各糧窖ごとに、窖

の位置、穀物名とその原産地、貯蔵された年月、担当官名などを記した銘磚（めいせん）がついていて、いずれも入念に防湿防腐措置が施されていた。第160号の糧窖からは炭化した粟が250tほど出土した。そして、含嘉倉城の南隅には船着場が発掘され、濠割（ほりわり）によって洛河に通じていたこともわかり、穀物輸送の主要なルートであった。これらは唐宋時代の食糧経済と流通システムを知るうえで重要な手がかりとなる。

＜龍門石窟（りゅうもんせっくつ）＞ 地 p.70, 85

洛陽市街地の南14km、伊水の両岸の岩山に開かれた仏教石窟で、世界遺産に指定された中国三大名窟の一つである。

龍門石窟は、ゆるやかな伊水をはさんで、西山（龍門山）と東山（香山）の南北1km範囲にわたる硬い石灰岩の山肌に刻まれたもので、大小の石窟は合計2345窟（東山は302窟）に及ぶ。龍門石窟の造像総数は10万体余り、また、造像の題記類は2700点余りをも数える。そもそも、龍門石窟の造営は北魏に始まり、東魏、西魏、北斉、隋、唐、北宋まで、およそ400年間続いた。それら造像活動の二大ピークは、洛陽が帝都として栄えた北魏時代の後半（約3割）と唐代（約6割）である。

龍門山で最初に開かれた仏龕は古陽洞（こようどう）で、浅彫りの痩身仏像が特徴として知られ、また貴族・僧尼・庶民の集合石窟という特色を持つもので、北魏の紀年題記も多い。龍門の優れた書道の造像記を集めた「龍門二十品」のうち、19品がこの窟にある。そして、賓陽洞（ひんようどう）は北魏皇帝の特別石窟として築かれ、中洞正面壁の本尊如来坐像は神秘的な微笑をたたえ、その左右の壁面には如来立像や脇侍菩薩（きょうじ）の三尊像がある。ここの脇侍菩薩の面部は、いずれも欠失したが、そのうちの2点は現在、東京国立博物館と大阪市立美術館に収蔵されている。さらに、この賓陽中洞入口の両側壁には、維摩詰（ゆいまきつ）と文殊菩薩像や大勢の侍者を引き連れて厳かに行進する皇帝・皇后の行列図が巧みな浮彫技法で刻まれていたが、今はアメリカの美術館に収蔵されている。

初唐の龍門造像には、新しい図像や様式の受容がみられる。645年、洛陽が東都として定められ、唐代の華やかな宮廷文化と、当時最先端の仏教教義とが本格的に洛陽へもたらされた。龍門石窟における大小の造窟・造仏活動もいっそう盛んになった。西山の奉先寺洞（ほうせんじどう）は唐の高宗の勅願により、国の土木技術部門が担当して造営工事を完成させたもので、皇后武氏（のちの則天武后）も化粧料を拠出したという。奉先寺洞中央の岩壁に彫られた毘遮那大仏（びしゃな）の坐像（高さ17.4m）を中心に、左右に仏弟子・菩薩・天王・金剛力士の巨像が並び立つ、優れた仏像彫刻群である。この奉先寺大仏の気品にあふれた容貌や、天王像の凛とした様子は、唐代芸術の神髄を伝えている。

則天武后の世になると、西山南端にまできた造像活動は、対岸の東山（香山）南端へと移り始め、龍門造仏の新境地を開いた。こうして山や川の美しい風景に恵まれ、人々の信仰と活気にあふれた龍門石窟は、今でも人々の心を魅了させ続けている。

3. 華北・山東・東北の地を訪ねて

先史文化の華

　華北・山東の地には先史時代の遺跡が豊富に存在する。河北省陽原泥河湾盆地で今から約150万年前の原人の「食卓」が見つかったり、北京近郊で発見された50万年も前に遡る北京原人は、人類の進化をたどる一つの里程標を打ち立てるものとなった。

　泥河湾盆地一帯には、約1万年前の虎頭梁遺跡群に代表される新・旧石器時代の交替期を示す細石刃文化が誕生し、この周辺一帯に古い土器の出現も確認されている。新石器時代に入ると、河北省武安の磁山遺跡に見られるような畑作農耕文化が幕を開き、また彩陶で知られる仰韶文化も華北、山東の地まで広がった。

　続く龍山文化は山東省章丘市龍山鎮の城子崖遺跡をはじめ、城砦集落文化の規模も次第に大きくなり、最大の城郭集落を誇る

河北省白洋淀　周辺には先史時代の遺跡が点在する

陽原泥河湾盆地　于家溝からの風景

山西省襄汾県陶寺遺跡の時代を経て、国家の誕生へ向かって堅実な足取りで歩んでいった。

＜陽原泥河湾盆地の石器時代遺跡＞

燕山南麓の河北省陽原県に広がる泥河湾盆地は、旧石器時代から新石器時代にかけての遺跡が幅広く分布している。この大自然の神秘さと迫力を感じられる石器時代の遺跡をめぐると、悠久と永劫という言葉を深く味わえるような気がする。うまくすれば、断崖の一隅に細石刃を拾うこともできるだろう。

＜馬圏溝遺跡＞

泥河湾盆地の中でも、陽原大田洼台地の北部、桑干河の流れに面したあたりには、旧石器前期の遺跡が密集している。

2000〜01年に発掘された大田洼郷岑家湾村南西の馬圏溝遺跡は、三層の文化層に分かれ、動物骨や石製品、自然石などの遺物が約800点出土した。最も古い層は今から150〜200万年前に遡り、泥河湾盆地における最古の文化層とされる。

出土した動物の骨は、同一個体の象を中心に哺乳類の犀牛、鹿などの肋骨や肢骨、頭蓋骨の残片が多く、散乱した状態にあった。その他淡水軟体動物の化石や駝鳥卵の殻などがある。これら動物の骨にまざって、またはその周辺には石核・ハンマー・石片・スクレーパーなどの石製品や自然石塊が検出され、残骨の下に石片、肋骨の上にスクレーパーが置いてある場合もある。ここで出土した動物の骨の表面には、人工的にたたいた跡や、刻んだり削ったりした痕跡もよく見られる。こうしたことから、この遺跡は当時の原人がとらえた動物をさばいて肉や内臓、また骨を砕いて骨髄まで取り出して食事にあてた場所で、いわば原人の「食卓遺跡」といえよう。

＜虎頭梁遺跡群＞

泥河湾盆地には、旧石器に続く細石刃文化の遺跡も多く分布している。1995年に調査された約1万年前の虎頭梁遺跡群は、新石器時代から旧石器時代にかけて複数の文化層が存在し、また細石刃核と粗製土器が同時期に見られることが確認された。粗製土器の1点には爪形文が施されており、興隆窪文化（→p.106）の土器や日本列島の爪形文土器との関連性も考えられ、学会に大きな波紋が投げかけられた。

＜徐水南荘頭遺跡＞

虎頭梁遺跡群の南に位置する徐水県南荘頭では、約1万1000年前の地層から貝殻粉末を混合剤とする深鉢形の土器破片が見つかっている。ほとんど無文だが、一部土器の表面には貼付け文があった。これは華

華北・山東・東北の地を訪ねて | 89

北地区における最古の土器破片と見られる。同遺跡には家畜の存在や栽培植物が出現した可能性も示唆されている。

＜周口店北京原人遺跡＞ 地p.88

北京市の西南50kmの周口店鎮に龍骨山とよばれる小高い石灰岩山があり、1929年、その北斜面の洞窟から北京原人の化石が発見された。発見された化石は、歯や頭蓋骨の破片を含めて約40個体分に相当し、世界にも例がなく、人類史の重要な宝庫である。しかし、それがまだ徹底的な研究もおこなわれないうちに、太平洋戦争勃発前後の時期に突如としてすべての出土品が姿を消した。その行方は今なお不明である。

北京原人の身長は150cm余りで、大腿骨は短く内に湾曲し、前かがみになって歩いていた。顔を見ると、額が狭く、眉骨が高く飛び出している。脳の容量は平均1043ccで、現代人の1400ccに及ばず、まだ猿に近い。彼らの暮らしていた洪積世の中期、華北の気候は今よりも温暖湿潤で、あちこちに森林や草原もあった。その中で彼らは大自然に頼って生き、そしてすでに火を利用し、石を割ったり、打ち欠いたりして石器を使っていたのである。

同じ周口店龍骨山の頂部では、北京原人よりはるかに現代人に近い、1万9000年ほど前の更新世末期の人類化石が発見されている。すでに顕著な蒙古人種の特徴を備えたもので、山頂洞人とよばれる。洞窟の東半分は居住空間らしく、骨針、装飾品や数点の石器が遺されており、洞窟の西半分の低い所に、少なくとも3体以上の人骨が発見された。わずかな副葬品と人骨の周りに撒かれた赤鉄鉱の粉末から、人の死を悲しんだこと、手厚く葬ったことが読み取れる。

現在、龍骨山一円は周口店北京原人展覧館の敷地として、遺跡は全面的に保存され、一般公開されている。陳列館で北京原人と山頂洞人の化石や石器、また当時の生活風景と環境を復元した模型などの展示を鑑賞してから、猿人洞・山頂洞人への散策コースに沿って北京原人の足跡を探してみよう。

＜武安磁山遺跡＞ 地p.88

今から7400年前頃の新石器時代前期の農耕集落遺跡が河北省武安県磁山で発見された。遺跡は県城西南の洺河北岸の台地上、磁山という村周辺に広がり、半地下式の竪穴住居と余剰穀物を蓄える穴蔵が発掘された。長方形、円形、楕円形の穴蔵は数百基にも及び、そのうち、約80基から炭化したアワの堆積が見つかった。まさに世界最古の食料品貯蔵例である。

この磁山遺跡からは家畜化された豚、犬、鶏が確認され、飼育された鶏の出土例としてはやはり最古である。豚1頭のみを埋納した土坑もあり、宗教意識の表れとみなされると同時に、豚の飼育がすでに一定の量に達していたこともわかる。

縄文土器の種類は様々で、煮炊きする生活容器が多い一方、骨鏃や漁労具、また貝殻、魚・鳥骨、炭化クルミなども出土した。ゆえに、磁山遺跡の農耕民らは農地を耕すかたわら、採集・漁労の生業をも営んでいたことがわかる。

＜城子崖龍山遺跡＞ 地p.88

1928年、山東省章丘市龍山鎮で仰韶文化と異なった要素を持つ新石器時代後期の遺跡が見つかった。人工造営の城壁が地表

に残っていることや、光沢の艶に富んだ黒陶などが特徴で、龍山文化（今から4600～4000年前）と称された。

1990年代の再調査で城子崖遺跡は、新石器時代から周代まで三つの時代の城址が重なって存在していたことも明らかとなった。最も古いものは今から4000年前の龍山文化城址であり、平面形はほぼ正方形で、面積は約20万㎡に達し、当時の城址遺跡では最大の規模をもつ。底部幅8～13mの四面城壁が今なお地面下に完全に遺されている。

この龍山文化が盛んになった時期は、伝承にいう堯・舜の時期にあてはまる。黄河と長江の中・下流域においては、城壁や環濠を持つ城址集落が相次いで現れた。祭祀建築や大型建築址の存在がめだつようになり、冶金技術が成熟しつつあり、象形文字の誕生をも迎えた。また神秘あふれる多様な玉器は天・地・神・人の交流を象徴する神器として発達した。

山東龍山文化後期の墓地では、朱封大墓に代表される最古の木槨墓が見つかっている。そのうち、内外二重の槨を持つ大墓もあり、槨内に多数の副葬品や殉死者の埋葬が確認できた。副葬品には薄手の精製黒陶や玉鉞、玉刀、透し彫りの頭冠飾り、および彩色木器など様々あり、被葬者の生前の身分は格別だったことがよく示されている。

＜陶寺遺跡＞ （地p.88）

山西省襄汾県城の東北約7.5km、塔児山西麓にある陶寺村の周辺では、龍山文化の時期にあたる城址集落遺跡が分布している。規模の大きい城壁や大小の住居址、等級分けの集落墓地などに独特な文化要素がめだつため、陶寺文化（4500～3900年前）と名づけられた。

1980年代前後の陶寺遺跡の調査では、大小の住居址や窯跡、井戸などが見つかり、1300基の墓が発掘された。大多数は棺や副葬品を持たない土坑直葬墓である。大型墓はわずか6基で、墓壙が大きく、彩色を施した木棺を用いて副葬品も多い。いろいろな種類の陶器や彩色木器、玉石製装飾品の他、大型石庖丁と木俎（まないた）、彩絵蟠龍文陶盤・鼓、石製打楽器の磬などの祭祀礼楽器他出土品が合計200点余りに達する墓もある。これらの被葬者は「王」に近い性格があっただろう。

遺跡の北・東・南の三面には版築工法を用いた城壁の存在が確認された。それによって復元された陶寺城址は隅丸長方形で、大、小城からなり、総面積約200万㎡、現時点では中国新石器時代の城址集落の中でも最大の規模を誇る。

2003～04年、この遺跡で最古の天文観測跡が見つかった。考古学と天文学者の連携による現場の観測実験がおこなわれた結果、4000年前の堯、舜、禹時代の人々が、すでに太陽観測法を用いて春分、秋分と冬至、夏至の季節測定をおこなっていたということがわかった。

この陶寺遺跡は、ちょうど中国史上の伝承による「夏墟」の所在地と重なる。これまで先夏文化と見る説、または、より古い時期の陶唐氏（伝承の堯・舜時代）の遺跡と見る説もあるが、中国の国家成立段階において最も注目される重要な遺跡の一つであることは確かである。

覇を競う東方列強

　商に続き、周王から封建された諸侯国が各地に建てられたが、華北の地で最も有力な国としては晋（山西）、燕（河北）、斉・魯国（山東）があげられる。春秋期の覇者となった斉国は繁栄を極め、諸子百家の士も多くここに集まった。続く戦国の舞台でも東方の列強は活躍した。斉、趙国は強力で、また燕は東北、遼東へと勢力を拡張していた。

＜藁城台西遺跡＞

　河北省藁城県の台西村で見つかった商代中期（二里崗期）、後期（殷墟期）の遺跡では、大小の建築址や牛、羊、豚、人間を埋納した祭祀坑、中小型の墓112基が発掘された。この遺跡で興味深いものは、1棟の果実酒の製造工房と思われる最古の醸造酒の建物である。中には様々な陶容器や大量の桃や李（スモモ）、棗の種が出土し、8.5kgほど堆積された酵母があった。そして、建物の屋外に井戸が2カ所見つかっている。

　副葬品は一部規模の大きい墓には青銅器があるが、白陶や原始磁器を含めて様々な陶器が主流で、骨器、玉石器、漆器、麻織などもあった。青銅器はおもに礼楽器や生産工具、武器など鄭州商城や殷墟遺跡の出土品と共通する部分が多いが、柳葉形羊首銅刀に代表されるように北方民族の色彩も見られる。また、出土した鉄刃銅鉞の鉄刃の部分は隕鉄を鍛冶したものだった。すなわち、今から3400年前には、鉄の鍛冶技術がすでにあったことが明らかになったのである。

＜侯馬晋国古城＞ (地p.88)

　山西省侯馬市区の西北部一帯には、春秋中後期〜戦国前期まで晋国の新田都城（前585〜416年）遺跡が存在する。この晋国の都は白店、台神、牛村、平望、呈王、馬荘といった大小六つの古城からなり、いずれも長方形で築かれ、城壁が一周めぐらされているが、造営の時期や機能によって、六つの古城の場所と規模が異なっている。牛村と平望の両古城には大型建築址の基壇が遺され、牛村古城の南には青銅器の鋳造遺跡も見つかり、青銅礼楽器、武器、車馬器の陶製鋳型が3万点ほど出土した。

　晋国古城遺跡の東、現在の侯馬市東南郊外では、「侯馬盟書」とよばれる大量の誓約文書を埋めた土壙が発掘された。ここは晋国の卿大夫の間に同盟の意志を固めるため、誓約を執りおこなった特定の場所である。この同盟誓約文はおもに圭形（長方形の上端が尖っている）玉石板の上に朱で2部書き、1部は官府に保管され、1部は鬼神に対して信用と護りを求めるために地中へ埋められた。こうした誓約盟書がこの地で400を超える土坑から牛、馬、羊の生け贄とともに約5000点余り出土した。そのうち、文字の読める圭形玉石板は656点あり、誓約文の最も長いものは200文字以上に及ぶ。また、ほとんど墨で書かれており、呪いや占い内容を記述するものもある。この遺跡の発見で中国古代の盟誓制度をうかがい知ることができるようになった。

＜天馬・曲村の晋侯墓地＞ (地p.88)

　山西省曲沃、翼城両県にまたがる天馬・曲村遺跡では、晋の君主とその夫人の墓が8組17基発掘された。

晋国は、周の成王の弟である唐叔虞が夏墟を封じられ、その子燮のとき、晋を名乗ったことから始まる国である。西周時代の王墓がまだ明らかになっていない昨今、被葬者の名前まで推定できるような形でまとまって発掘されたことは貴重なことである。

　晋侯墓地は、いずれも竪穴墓壙の中央に棺、槨が組み立てられ、9号墓と13号墓の1組を除いて、各組の槨墓東側に車馬坑が見つかった。周辺から馬、犬、牛、羊などの生け贄を埋めた祭祀坑も多く見つかり、中には玉戈、玉牌も含まれている。出土した青銅器の銘文と文献に現れる君主の名前を照合することにより、それぞれの被葬者は晋の武侯（西周中期）から文侯（春秋初期）の8代であることが推定されている。

　晋侯墓地からは数多くの青銅器、玉器が出土し、晋文化の解明に大きな手がかりを提供してくれた。玉は身体の腐敗をとめる働きや死者の世界において特別な役割を持つと信じたようで、被葬者の顔を覆う布に取りつけられた覆面玉器をはじめ、被葬者の全身に玉器がかけられた。新石器時代の紅山文化、良渚文化に遡る玉葬の成熟期を、この西周時代の埋葬が示しているといえよう。こうした古来の玉葬観念が漢代になっても受け継がれ、死者の全身をまとう玉衣まで作り出した。

＜臨淄の斉国古城と斉王墓＞

（地p.88、93）

　山東省淄博市の周辺には、春秋戦国の斉の国都遺跡が広がっている。紀元前859年に斉の献公はここに都を造営し、臨淄と名づけた。前221年に秦が斉を滅ぼすまで630年余りにわたって東方大国の斉文化の中心地となっていた。

　斉国古城は淄水の西岸に位置し、大、小二つの城から構成される。小城はやや長方形で宮城として築かれ、一部が大城の西南隅角に重なっており、城壁の外側に環濠が設けられている。宮城内の北は宮殿区で、建物の版築基壇がところどころのこり、その中で最も高い桓公台は現存する高さが14mに及ぶ。かつて春秋五覇の第一人者桓公（在位前685～643）がここで諸侯と会見し、または軍事パレードを検閲したと伝えられている。また、小城では製鉄工房や「斉法化」と記された銘刀幣の鋳造遺跡が見つかった。

　大城は淄水に沿って造営され、東城壁あたりでやや屈曲している。城濠は人工造営の部分と、自然の河道を利用した部分がある。大城の全体は長方形で一般の居住区と製鉄、製銅や貨銭の鋳造、陶器、骨角器の製作生産などの製作所遺跡が分布している。城内の南部、東北部には周～春秋時代まで

斉国古城遺跡

平山県中山国王墓

戦国期の斉王大墓（臨淄四王塚）

の斉国貴族の墓地があり、大、中型の墓20基余りも発見された。その中で、斉の王墓クラスに該当する1基の大墓には実用の車馬を副葬する車馬坑もあった。

斉国古城から南東8kmの丘陵地帯に、二王塚、四王塚とよばれる戦国期の斉王大墓が配置されている。四王塚は東西一列に丘陵台地の上に並び、ここから北へ約1km離れた牛士山頂には、高大な二王塚(→p.15)が東西並列して造られ、いずれも三段築造の長方形高台の上に方墳が築かれている。この巨大な方墳方壇は約2500年の歳月を経て今でも、無限の青空と広い大地の間にそびえたっており、戦国の雄風を象徴するシンボル的存在である。

＜易県燕下都遺跡＞ (地p.88)

春秋戦国時代の北方の大国であった燕は、北京の周辺に上・下の都をおいた。燕の上都「薊」は、現在の北京市に重なって築かれていた。燕の南方拠点として前4世紀に燕の下都が造営され、「武陽城」と名づけられた。その遺跡は北京の市街地から南西115km、河北省易県城の東南2.5kmに位置し、最大の規模を誇る戦国期の城郭遺跡である。前222年、秦によってこの燕下都は廃棄された。

燕下都は、北易水と中易水の間に造営され、東西8km、南北4kmの長方形で、四面は高大な城壁で囲まれている。南城壁の外側は中易水を天然城濠として利用する一方、東・西両城壁の外には、人工で造った濠が設けられている。燕下都プランは東、西部に分かれ、東城が下都の中心とされた。その北側には宮殿遺跡が多数見つかり、武陽台を中心に望景台、張公台、老姆台などの高大な版築基壇が今でも地上に残されている。

建築址の周りに饕餮文や山雲文、鳥文を特徴とした瓦当や様々な建材が散乱しており、燕国の宮殿建築の豪華さが浮かび上がる。西城はほぼ方形で、城郭内の遺跡が相対的に少なく、軍事防御施設として造営されたらしい。

東城の西北隅にある虚糧塚には、戦国燕の王室墓地と思われる13基の大型墳丘があり、それに隣接している九女台にも10基の大型墳墓が点在している。

＜平山県中山国王墓＞ (地p.88)

戦国時代の中山国は燕・趙・斉といった

北方大国の蔭に存在していた一小国で、もともと北方遊牧民である白狄人の文化に帰属した。文献記録は少なく、長い間、その実像を描くモノがほとんどなかった。

1974年、河北省平山県城の北の西霊山南麓で発掘された紀元前4世紀末の2基の中山王大墓は、陵墓の構造も複雑で、副葬品も豊かだった。また東霊山のふもとに中山国の王都霊寿城遺跡も確認され、大きな反響をよんだ。

石家荘市の西北40km、太行山脈東麓の滹沱河北岸の丘陵地帯に位置する中山国王の霊寿城と王墓は、東、西の霊山を背にして神に護られたかのように広い大地にそびえている。霊寿城は東西3km、南北4kmの長方形の城郭が作られ、城壁の一部が今でも地上に残っている。王墓は城郭の内と外の数ヵ所に分かれて点在し、いずれも高さのある版築の方墳を持ち、周りに車馬坑、陪葬墓などが付随していた。

西霊山に近い1号墓は、三段築造の基壇の上に方墳が築かれ、墳頂部から柱穴や建材などが大量に発見された。当時の墓上建築の華麗さをうかがうことができる。地下の埋葬施設には槨とその周りに積み石で厳重に護られた壁があった。墓壙の周辺には副葬品の陪葬坑や車馬坑、船の埋納坑、陪葬墓などが配置されている。副葬品の大半は盗掘されたが、残されたものでも青銅礼器や金銀象嵌・金メッキの技法を用いた銅器、金具、また玉器、黒陶などめずらしいものが多い。「銀首人俑銅灯」や四龍四鳳が鎮座する「龍鳳形銅方案」「十五連盞銅灯」が最も優れたもので、鹿や虎および龍、鳳の神獣造形などが躍動感あふれ写実的に表現されており青銅工芸の傑作といえる。

過去に類例のない「山」字形銅器（高さ1.4m前後）は王権のシンボル的な存在である。ここから出土した青銅器には「中山王䜌」との銘文があり、1号墓の被葬者の身分、個人名が明らかになった。さらに金銀象嵌の銅板「中山王陵兆域図」は、中国最古の陵墓建築設計図として大変珍重されている。

現在、中山王墓の副葬品は、石家荘市にある河北省博物館の特別陳列室で一般公開している。発掘後の遺構は現地で保存されているので、時間があれば西霊山の南麓の中山王墓の地を訪ねてみよう。王侯墓の立地景観と規模に圧倒されることであろう。

＜邯鄲趙国古城と趙王墓＞ (p.88)

戦国期趙の国都遺跡は、河北省邯鄲市の西南約4kmに位置し、一面麦畑で覆われている。前386～前222年まで、8代にわたる趙の都城として繁栄していた。

趙国古城は宮城と郭城に分かれている。宮城は東、西、北の三つの小城からなり、今でも地上に高さ3～8mの城壁が延々とつながっており、壮観である。建築址の周辺には大量の瓦礫が散乱しており、三鹿文、渦雲文など趙国にしかみられない瓦当もある。郭城は宮城の東北部にあり、やや長方形でその西北隅には霊山など版築造りの高台が残っている。ここには、戦国から漢代にかけて冶金、鋳造、製陶や骨器、石器などの工房遺跡が見つかっている。

古城の西北、邯鄲市と永年県にまたがる丘陵地帯に大型方墳を持つ五つの墳墓があり、古城西の沁河北岸には趙国の墓地が集中している。いずれも長方形の版築高台の上に一つか二つの方墳が配されている。

華北・山東・東北の地を訪ねて | 95

漢魏、南北朝文化の開花

　秦を受け継いだ漢は、帝国の領域を大きく周辺に広げていった。鄴城のプランと都城思想は、のちの隋唐長安城にも影響を与えた。また、雄大な北魏永固陵や北朝墓の繊細な壁画は、南北朝という時代の特色をよく示している。さらに、後漢に中国に伝来した仏教は、三国・晋・南北朝時代の中国文化圏で飛躍的な発展をとげた。

＜北京大葆台漢墓＞ 地p.88

　北京市豊台区黄土崗郷の大葆台村台地上に横並びの大墓が2基発掘された。ともに地上に広大な方墳があり、墓壙の中央に木造の回廊型玄室がある。1号墓は長さ23m、幅18.3m、平頂高3mで、中央の主室を被葬者の埋葬空間とし、その前に祭祀空間が備えられ、前・後を取り囲むように二重の回廊がめぐらされている。内・外回廊の間には柏木の黄色芯（黄腸木）が端（題）に出るように積み重ねられている。この特殊な方法は文献によれば「黄腸題湊」という。被葬者の眠る空間を厳重に護るための地下の複雑な空間が演出されている。北京市街地から西へ18km離れた老山漢墓もこれと同じく回廊型木室を特徴とする。

　大葆台漢墓は昔から何度も盗掘されたが、残存した副葬品は銅、鉄器、陶器、玉器、漆器、絹織物など400点余りあり、玄門とつながる羨道上に3台の実用馬車と13頭の馬が生埋めにされている。この大墓の被葬者は前漢中・後期の広陽王の夫婦墓と推測される。1号墓は現地で保存・整備され、大葆台漢墓博物館として公開されている。

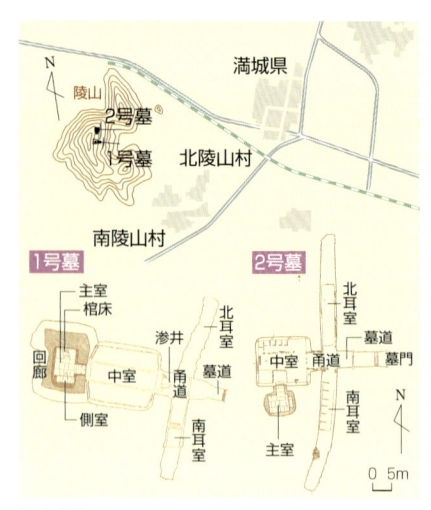

満城漢墓

＜満城漢墓＞ 地p.88, 96

　河北省満城県の県城の西1.5km、海抜236mの陵山頂側東斜面で並列した2基の大墓が発見された。両墓はともに岩山をくりぬいて玄室とし、「山を穿ちて陵と為す」といった崖墓の典型である。1号墓は全長51.7m、羨道、南北耳室、前堂後室および後室を囲んだ回廊施設からなり、玄室内には排水溝や井戸を設ける。高さ6.8mの弧頂や瓦葺きで木造の祭祀前堂は玄室内最大の空間を占め、後室には板石造りの屋根頂を持つ棺室があった。2号墓は回廊は省略されているが、玄室の基本構造や造り方がほぼ同様である。両崖墓ともに巨大な埋葬施設で造営は困難を極めたに違いなく、規模や構造の特色からしても地下宮殿とよぶのがふさわしい。

　両崖墓はともに未盗掘で、副葬品は金銀器、銅、鉄器、玉器や陶器、ガラス、漆器および車馬、銅銭など合計4200点以上にのぼる。とくに前堂中央は、多くの鼎、釜、

鐘などの青銅祭器を中心に金銀器、陶器、漆器を加えて供献祭祀を彷彿させるかのように整然と並べられている。優美な造形を持つ「金象嵌博山炉」や皇室からの下賜品としての「長信宮燈」、また玉の象嵌を施した漆塗りの豪華な木棺、さらに人間の外形をまねして玉片を寄せ合わせ、それを金の糸で綴って作った「金縷玉衣」が最も人の注目を引く。それに加えて、1号墓から出土した銅器に「中山内府」との銘文があり、被葬者は紀元前113年に葬られた中山靖王劉勝（武帝の異母兄弟）の可能性が高い。2号墓の出土銅印には「竇綰」との人名が刻まれている。「同墳異穴」で埋葬された中山王と夫人の墓であろう。

陵山登頂のロープウェイに乗って、一般公開している中山王と夫人の二大地下宮殿を見学し、山頂部の建築遺構、陪葬墓を散策すれば、壮大な陵山の景色に圧倒されるに違いない。

<章丘洛荘漢墓> (地p.88)

山東省章丘市棗園鎮の洛荘村西に高さ約20mの方墳がそびえている。埋葬施設の主体部は未発掘だが、近年、方墳周辺の土取りが繰り返しおこなわれ、計9基の陪葬坑が破壊され、青銅器、金器も見つかった。破壊と盗掘を防ぐため、2000年春から計画的な調査がスタートし、大型墳墓の付属施設として計33基の陪葬坑や祭祀坑、建築址の発掘を実施した。

陪葬坑はいずれも細長く、幅3mぐらい、最長が25.9m、最短でも13mある。出土遺物を種類別に分けてみると、1、2号坑は鉄製鎧、甲冑、鏃、盾などで、武器庫とみなされる。3、4号坑は穀物類や豚、羊骨、家畜禽肉類、また陶盆、罐、漆木箱および木炭などが大量に出土し、食料品の貯蔵庫と思われる。5、6、8号坑は銅器90点余りや漆器、陶器、半両銭が多く残され、生活実用品の収蔵庫らしい。また、9、11号坑は金製、金銅製、鉄製の車馬具や骨製品によって、豪華な飾りつきの装飾馬車3台、馬19頭、犬10頭が埋納されたことがわかり、地下の車馬庫と思われる。10号坑には多量の木俑が埋納されており、また14号坑からは編鐘、編磬、瑟、建鼓がまとまって出土したことから、この坑は祭政行事用の楽器庫とみなされる。2001年、3基の祭祀坑が新たに発掘され、34号坑からは豚、羊、犬、兎など、祭祀用の動物骨が110体以上出土し、36号坑にはミニチュアの木俑、木馬、舞踊音楽陶俑などが棚状に置かれていた。そして、35号坑は鶏、魚、羊の骨を載せた陶器群などが多く出土し、供献遺物の色彩が強い。これらの出土品はいずれも前漢前期の特徴を持ち、140点余りの礼楽器や、3組の豪華な馬車や金製の馬具で飾った馬の行列など、遺物品質の高さが被葬者の身分を象徴している。

これら陪葬坑の中からは多くの封泥（通常、荷物を封印する粘土品）が検出され、その中に「呂」字で始まる完全無欠の封泥が30枚余りあった。その表面に読み取れる文字は「呂大官印」「呂内史印」「呂大行印」「呂大官丞」の4種類があり、この大墓の被葬者は「呂」国の諸侯王クラスに準ずることがわかった。

『史記』『漢書』の記載によれば、漢代の呂国は唯一、呂后専権のとき、済南に封られた呂氏の国である。呂姓の諸侯王4人の交替を経てわずか8年で滅ぼされた。4

双乳山漢済北王墓

　人の呂王のうち3人は権力闘争に巻き込まれ、異常死に遭ったため、上に述べたような手厚い埋葬はとうてい考えにくい。ゆえに章荘漢墓の被葬者は呂后勢力の最盛期に呂后がはじめて一族を王にした人物、呂台(りょうたい)(呂后の甥)である可能性が高い。

<双乳山大墓(そうにゅうざん)> (地p.88)
　山東省済南市の南東、長清県の西南15kmにある帰徳鎮(きとく)双乳山には、小高い丘の上に二つの大型墳丘が並んで築かれ、遠くから見ると乳房のように見えるため、昔から双乳山という名もつけられた。
　1995年に双乳山大墓が発掘された。全長85m、地下岩盤を15mほど深く掘った竪穴墓壙は一辺25mで、墓壙中央に二重の木槨(高さ3.80m)に入った木棺(大小3個)が安置されていた。
　この大墓は幸いにも盗掘をまぬがれていたため、腐朽した木、漆器を除いて、前漢の青銅鼎、壺、灯、盤、鍍金銀の銅車馬器、

双乳山大墓　出土した銅車馬器(上)や玉器(下)

鉄剣、鉄工具、陶器、玉石器および餅状の金製品(金餅(きんぺい)ともよぶ。中国皇帝がしばしば臣下に与えた黄金)など、総計2000点余りにのぼる副葬品が完全に遺されている。木槨の北側には1台の小型車が配置され、そこか

転角石　　　　　　　　　　　玄門

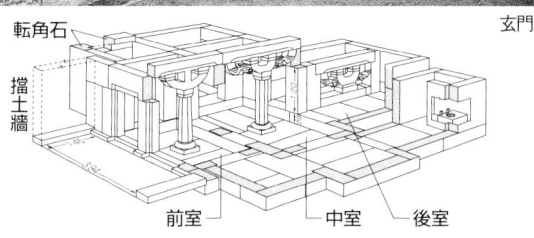

擋土牆

　　　前室　　　中室　　後室　　沂南画像石墓

　　　　　　　　　　　　　　画像石

ら一列に3台の実用馬車と7頭の馬、もう1台の小型車が墓道に並んでいた。いずれも鍍金銀が施され、精巧な金銀細工によって華麗さを極めていた。

　被葬者の頭下部や玉枕あたりに置かれた高価な金餅は、大小20枚で合計4260gあり、大金餅の表にはほとんど文字や符号、ならびに印文が刻まれ、「王」という文字がその大多数を占めている。長清県一帯は前漢期の済北国に封じられた領域で、被葬者は前漢中期頃における済北国の王にあたる人物であろう。

　王墓の副葬品は長清県文化館に保管されており、巨大な埋葬施設は現地で保存され、自由に見学することができる。

＜沂南画像石墓＞ p.88
　山東省沂南県の北寨村に後漢後期の大型画像石墓がある。切石造りの玄室は全長8.7m、幅7.5mで、前・中・後室を中軸線沿いに配列し、五つの側室が付随している。各室の天井部は切石を用いて四面からの持送り式のドーム型天井で、主室の天井中央に浮彫りの蓮華文が鮮明に施されている。中堂の中心位置に宮殿建築様式の八角柱が彫られ、その柱頭部に丸彫りの龍首が力強く表現され、その後ろに並列した双棺室の間の壁にも同様の龍首造形が透し彫りの技法で刻まれている。その東北隅の側室には副葬品がなく、厠だけの空間が用意されており、玄室全体の空間配置には荘厳さと神秘さが満ちあふれている。

　画像石は玄門や前・中・後室の四面側壁に集中的に刻まれ、計42石に73ヵ所を数える。玄門の上方に「胡漢戦争図」があり、前室と中堂の画像石にはおもに供献祭祀・

華北・山東・東北の地を訪ねて | 99

車馬出行・歌舞百戯・歴史物語が描かれ、中堂八角柱の上には光背のある仙人像が描かれている。後室の側壁には被葬者とその夫人の日常生活を表す場面がある。その他、仙禽神獣や東王公・西王母なども各室に見られ、漢代の社会文化と風習をうかがい知ることができる。

＜臨沂洗硯池西晋墓＞ (地p.88)

山東省臨沂市内の洗硯池畔、緑に囲まれて中国の書聖を誇る王羲之故居がある。2003年、王羲之庭園の開設に伴う当故居の修繕工事中、偶然に2基の大型晋代磚室墓が見つかった。1号墓は横並びに造られた2つのアーチ頂磚室からなり(東西7.55×南北4.60m、高さ3.40m)、別々に配された石造玄門の中間地帯に磚造りの高台がある。その上に残された青磁小盤、陶羊や貨幣、貝殻などから、墳墓祭祀の光景を彷彿させる。

ここから西へ約30m離れると、同じくアーチ頂を持つ2号墓の磚室(前・後室からなり、南北全長13×東西幅6.80m、高さ4.60m)がある。2号墓は盗掘に遭い、2棺の残片や青銅虎子、陶磁灯、数珠、金製小棺釘など、わずかな副葬品しか残っていないが、

1号墓の保存状態はよく、副葬品は青銅器、鉄器、金器や漆器、陶器、青磁など合計250点(組)に及ぶ。完形無欠の青磁盤や碗、壺や胡人騎獅の造形を表現した青磁はまれに見るもので、仙人騎獅の姿をかたどった銅器も精巧さを極めたものである。出土漆器や銅器の一部には「正始二年」「太康七年」「太康十年」の年号が鮮明に刻まれ、墓の実年代を判断する有力な手がかりとなっている。

2号墓に残された遺骨の鑑識により、被葬者は1～2歳の幼児が二人(東磚室)、7歳前後の子供が一人(西磚室)が判明した。これほど贅沢な副葬品をそなえた被葬者の実像は、いまだに謎に包まれている。この晋代の大型磚室墓2基は発掘・整備を経過して現在、臨沂市「王羲之庭園」の一角で公開され、魏晋文化の傑作ともいえる副葬品一式も臨沂市博物館に展示されている。

＜臨漳鄴城遺跡＞ (地p.88)

河北省と河南省に隣接する臨漳県の県城西南17.5kmの地に、南北朝時代の鄴城遺跡が広がっている。鄴城は南北の2城からなり、後漢建安9(204)年に曹操により鄴北城が造営され、のちに後趙、冉魏(漢族の

洗硯池1号晋墓

洗硯池2号晋墓

政権)、前燕の政権がここを引き続き都とした。また、東魏、北斉は鄴南城に都を定めた。北周の大象2(580)年に両城が廃棄され、合計370年にわたる鄴城の歴史の幕が降ろされた。

現在、鄴河が遺跡の中を貫流しているため、本来連結していた鄴城を南北に完全分断している。鄴北城遺跡は東西3.5km、南北2.5km、高い城壁によって囲まれ、四面とも城門があった。東西の城門をつなぐ1本の横街によって城内が北区と南区に分かれている。北区は地形がやや高く、銅雀台をはじめ宮城や官署を集中させ、その西側に苑があり、その西北隅には城壁の一部を含めた軍事防御施設としての氷井台、銅爵(雀)台、金虎台の三つの高殿が建てられた。

とくに3台の間は廊道で結ばれ、台上には楼閣がそびえたち、台下は地下道でつながっている。古来、この宮殿楼台建築の華麗さを称える詩も多い。今なお地上に姿をとどめているのは銅爵台(現存高さ6m)と金虎台(現存高さ12m)だけである。

それに対して南区は、おもに都民の居住区とされ、ここでは史上初の里坊制を取り入れ、整然とした碁盤の目のような道路網が創り上げられた。鄴北城の正門中陽門から南北の縦に延びる大道が宮殿区へと走り、城址全体の中軸線となっている。

鄴南城は東魏の天平元(534)年に造営され、北周の大象2(580)年に戦火にまみれて焼失した。遺跡は南北の長方形を呈し、東西の城壁には城門が四つずつあり、南北の城壁には各三つの城門が設けられた。南城壁正門の朱明門から北へ延びて宮城に向かう大道は城郭全体の中軸線となり、左右対称に直線の道路と格子状の里坊が整然と配置された。城壁の東南隅と西南隅には「円陽」とよばれる隅丸状の形を築き、また、城壁各所を一定間隔で外側に突出させる「馬面」とよばれる防御施設が設けられ、その外周を城濠が囲んでいた。こうした軍事的な防御性を重視した都城建築の様式は、この発掘ではじめて明らかになった。

2002年に、鄴南城の南へ延びる中軸線上に、仏教寺院の塔基が発掘された。方形木塔の復元高は約100mあり、石螭首の彫刻も気品にあふれており、東魏北斉の皇室寺院に属すると思われる。塔基の中心柱礎石の下には磚造函(埋納用の収蔵箱)も見つかり、これが隋唐時代の塔基下に見られる仏舎利や法会用具を埋納する特別な空間の始まりである。鄴南城塔基は洛陽永寧寺(→p.84)に後続して造営されたもので、北朝後期の仏教寺院木塔の典型を示している。

鄴城の都城プランは、魏晋以後の都城造営の基盤となり、隋唐長安城にも影響を与え、漢、唐時代の都城計画建設と発展にも重要な役割を果たした。鄴城の発掘は現在も継続中で、魏晋南北朝時代の都城像の解明は着実に進んでいる。

<湾漳北朝大墓> (地p.88)

鄴城遺跡から西北約25km、河北省磁県の西南に流れる滏陽河の南岸に、北斉皇帝陵クラスに属する湾漳大墓が発掘された。墓の南北全長は52m、墓道、羨道、磚造の単玄室からなる。墓の構造と規格は同時期の北朝大墓を上回り、副葬品の数量や品質、玄室の壁画なども北朝墓の発掘例の中でも群を抜いていた。

遺された副葬品の大半は、大臣、文官、武士、護衛、舞踏、鎧甲、騎馬などに代表

大同北魏永固陵

された人物俑で、最大のものが高さ1.5mにも及ぶ。他に馬、牛、羊、豚、犬、鶏や、車、鐘、磬、倉、竃、井戸などをかたどったミニチュア土器の一群もあり、合計2000点以上にのぼる。

　墓道から玄室に至る所に、多彩な壁画が壁一面に展開しており、壁画の総面積は約320㎡にも達する。墓道の東西両側壁には青龍と白虎を先導として朱雀や神獣などが続き、その後ろに53名の人物からなる儀仗隊が従うといった王者の雰囲気をたたえた図が描かれている。儀仗行列の人物は戟、盾、鼓楽、旗幡、傘蓋などを手にしており、様々な表情がいきいきと描写され、人物像の天空上方には神獣、流雲、蓮華などの図柄が見られる。一方、ドーム形の玄室頂部には、銀河や天空に広がる星宿の図案が克明に描写され、宇宙天体を凝縮した図となっており、当時の人々の世界観をうかがい知ることができる。

永固陵アーチ形門柱のレリーフ

＜大同北魏永固陵・万年堂＞ (地p.88)

　現在の山西省大同市一帯は、北魏の都平城の所在地で、道武帝が天興元(398)年、平城を定めてから孝文帝の太和18(494)年に洛陽へ遷都するまで約1世紀の間、北魏の政治文化の中心であった。近年、大同市街地の発掘では平城の明堂遺跡が確認された。

　孝文帝(在位471〜499)は太和5(481)年、祖母の文明皇后馮氏のために、平城の北約25kmの方山頂上に漢の文化をまねて永固陵を造営し、これにより魏晋時代に衰退した漢代の陵墓制度が北魏で復活した。また、孝文帝は自分のために、永固陵の北に寿陵を築いたが、のちに洛陽に遷都したあと、虚宮となり万年堂と称された。

大同方山の東西両側は谷が深く、東側には御河(如渾水)が南流している。この山頂部の広い平台に永固陵が造営された。風水にかなった絶好の選地である。現存する文明皇后の墳丘は高さ23m、下部の方壇(117×124m)と上部の円墳からなる。

　万年堂も同様の方壇円墳を持つが、孝文帝は自ら祖母への孝道を顕示するため、墳丘の規模をほぼ永固陵の二分の一に抑えて築いた。

　一方、万年堂の南に塔院遺跡があり、塔院の回廊内には塔基(40×30m)があった。その北の方壇を持つ建築址からは蓮華文の瓦や「富貴万歳」銘の瓦当が多数出土した。この塔院遺跡は、墓に付属した陵寺の跡であるが、こうした陵寺の発見ははじめてである。また、永固石室と称する方山陵墓を祀る清廟の陵園垣壁やそれに関わる建築址も、永固陵の南の断崖下によく遺されている。この壮大な陵墓構築は北魏時代の太后による臨朝体制を象徴するものである。

　永固陵と万年堂の地下構造は基本的に一致し、ともに羨道、アーチ型天井の前室とドーム型天井(高さ7.3m)を持つ後室からなる。後室の天井部には蓮華文が描写され、玄門両側の柱礎石には虎の頭をかたどった丸彫りがめだつ。何度も盗掘に遭った永固陵の副葬品は、陶磁器や銅・鉄製品、ガラス器などの破片しか残されていないが、アーチ形の門柱両側のレリーフには、蓮のつぼみを捧げ持つ童子の微笑みが永遠の世界を刻むかのようである。これら出土遺物の一部は太原市博物館に展示されている。

<＜北魏貴族大墓＞ (地p.88)
　大同市の東側郊外にある雁北師範学院の

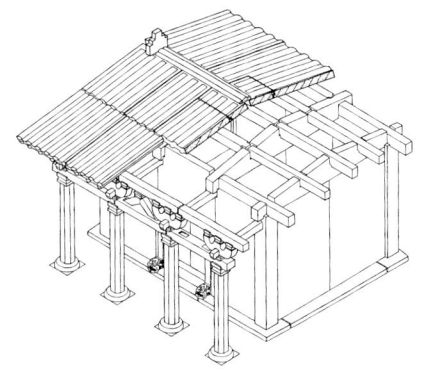

北魏貴族大墓

校舎増築工事中に北魏平城時期の墓地が発見され、計6基の土洞墓と5基の磚室墓を発掘した。古くから何度も盗掘に遭い、残された副葬品の多くは陶俑類で、鎮墓獣や鎮墓武士俑、騎馬俑、鎧甲武装俑、雑技俑、舞楽俑、また、家禽家畜俑、ミニチュアの生活用具、住宅模型などに代表される。磚室墓(5号墓)からは、「大代太和元(477)年歳次丁巳幽州刺史敦煌公敦煌郡宋紹祖之柩」という朱書墓銘磚が出土し、この北魏時代の墓地で被葬者の身分と年代がわかる唯一の例である。

　この幽州刺史の宋紹祖墓(5号墓)は全長37.5m、墓壙にはドーム型天井の磚室墓と、磚室中央に置かれている屋根付家型石槨があり、石槨の正面には彫刻を施した4本の廊柱で支えられている石造廊下がある。

石槨内の東・西・北壁には壁画が一部残され、音楽を伴奏したり、そのリズムに合わせて舞踏をしたりする人物像が流暢な線で描かれている。石槨の内・外壁や槨内にしつらえた棺床には石の彫刻や彩絵が施され、また、石槨廊柱の礎石表面に浮彫りの盤龍や蓮華文を刻み、門柱礎石は丸彫りの虎頭で威厳を持った装飾がなされている。また、浮彫りの鋪首や蓮華文が門扉や石槨の外壁に施され、建造物の装飾性が入念に工夫されている。こうして玄室空間は、殿堂風建築の豪華さをみごとに演出している。

これらの精巧な北魏の絵画・彫刻石槨は大同市文物考古所によって保管され、副葬品の一部は大同市博物館で展示されている。

＜大同雲崗石窟＞ (地p.88)

山西省大同市の西16km、武州河北岸にある武州山南麓の砂岩断崖に開鑿された雲崗石窟群は東西1kmにわたり配置され、北魏時代の仏教の精粋を今日に伝える一大モニュメントとして知られ、世界遺産にも登録されている。

鮮卑の拓跋部によって建国された北魏は、今の大同に首都平城を建て華北を支配した。建国当初から北魏は仏教を推進したが、太武帝の廃仏と文成帝の仏教復興を経て、460年に文成帝の信頼を得ていた僧曇曜の進言によって、曇曜五窟（第16～20窟）が開かれ、雲崗石窟群の発端となった。この五大仏像は明るくかつ大らかな表情や力強さのあふれる体躯で胡族の芸術性を表すものであり、また「皇帝即如来」を主張する北魏思想の証として、文成帝を含む北魏建国以来5人の皇帝になぞらえて造られたともいわれ、王権と結びついた北魏仏教の特

大同雲崗石窟

徴が示されている。

現存する雲崗石窟群は第1～53窟に番号がつけられ、他に多くの小窟もあり、大小の仏像あわせて5万1000体を超える。五大仏の特徴はガンダーラ、中インド、中央アジアなど西方様式の影響を受け、鮮卑拓跋族の新興的な気風を取り入れ、肩幅の広い体躯に両肩か右肩だけに薄い法衣をまとう。曇曜五窟に続く、新しい時期の石窟は長方形の前室と主室からなり、宮殿風の斗栱や格子天井、階層別に上下の仏龕が配されるなど建築的意匠に満ちている。それと同時に、仏像や菩薩、また伎楽・飛天の造像の周りは花環飾り、唐草文、蓮華文など鮮やかな壁画で彩られている。

のちに北魏孝文帝が打ち出した様々な漢化政策に応じたかのように、北魏の仏像も肌の露出を抑え、厚く長い衣を何枚も重ね、襟に結び紐がついた大袖の衣服など、漢族の服飾を取り入れた表現がめだち、菩薩や飛天は優美で女性らしく、天衣の流麗さが強調されている。時代を追って顔立ちや体つきも徐々に漢風に細くなり、秀麗な趣になった。

第35窟の入口東壁で発見された最新の紀年銘「延昌4年(515)」から、雲崗石窟

は6世紀初めまでその造営は続いたとみられる。

＜太原北斉壁画墓＞ (地p.88)

山西省太原市の東山西麓にある王家峰果樹園の中に、円墳を持つ古墓が残されている。これまで5回に及ぶ盗掘を受けていたものの、2001〜02年の発掘調査では陶磁器や文官・武士の姿をかたどった陶俑、金銀製の指輪など計550点の遺物が見つかった。そのうち金の指輪は中央アジアの金銀細工の傑作で、嵌め込まれた宝石に彫刻された人物は杖を持ち、獅子の仮面をかぶっていた。古代ギリシア神話をモチーフにしたものらしい。他の器物や絵画にも国際色が少なくない。墓誌銘から、被葬者は北魏から東魏にかけての武将で、続く北斉で太尉・武安王となった徐顕秀(501〜571年)とわかった。

墓はスロープ状の墓道から羨道、玄室に至る構造になっている。全長約31m。彩色壁画は埋葬施設内一面に描かれ、その面積は326㎡余りに及ぶ。墓道は、等身大の人物群像からなる行進列が両側の壁にほぼ対称的に描かれていた。先頭に立つ辟邪の神獣に続き、旗手、剣と弓矢を持った武人など、胡族(北方や西方の民族)と漢族の習俗を融合した衣装を身にまとった計52人(身長1.42〜1.77m)の姿が個性豊かに描写されていた。また、羨道・玄室に入る前の土洞と竪穴の両側壁には、鞍を載せた馬6頭を囲んだ行列(計34人)が続く。これらの壁画は下地を作らず、土の壁面に漆喰を1〜2mm塗ってから一気に仕上げた点に特徴がある。

一方、レンガ造りの羨道と玄室の彩色壁

太原北斉壁画墓

画には、厚さ0.3〜1cmの下地の上に、漆喰を塗ってから描かれており、保存状態は比較的良好であった。玄室は方形で高さは8.1mのドーム型の天井を持つ。頂上には星座と雲文の描写を中心とした天体図があり、それに覆われた玄室四壁の上方は高貴な蓮華文と流雲文で飾られている。身長175cmの2人の門衛が描かれた玄門から室内をのぞくと、目に入るのは奥壁(北壁)の中央に正座する男女像である。これは墓主夫婦で、帷帳の真下にいる。両側に供物をもつ侍女、華蓋(華やかなきぬがさ)と翣(華麗な羽毛で装飾した持ち物)をさす人物、琵琶を奏でる楽士らが立ち並ぶ。東壁には女主人を待つ牛車を中心に旗手や護衛が立ち、華蓋と翣をさしかける人物や侍女らが後ろに続く。西壁には旗を立てて並べ、主人の乗る駿馬1頭と従者に続き、華蓋と翣を立てる人、官印を持つ文吏、護衛兵士らの姿

が繊細に描写されている。玄門とつながる南壁の上方には、玄門の表の上方に描かれた辟邪や魔除けの神獣「方相氏」が再び登場する。羨道・玄室には総勢91人の男女の化粧やヘアスタイル、表情や華麗な衣装を、巧みな筆さばきで多彩に描いている。

この北斉武安王壁画墓は、墓主夫婦の宴飲出行の場面を中心に、宇宙・天地・人間の理想像を凝縮した形でリアルに描写されている。漢人の文化と胡人の風習が違和感なく巧みに描かれ、埋葬空間の中でパノラマのように展開して臨場感に満ちあふれ、まさに6世紀壁画の宝庫と称すべきである。最近、壁画の現状維持と保存をはかるため、最低限の保存処理をおこなってから当面の間、埋め戻すこととなったが、出土遺物や壁画の模写は2005年秋に新設開館の山西省博物館に展示・公開する予定である。

＜青州龍興寺遺跡＞ (地p.88)

山東省青州市内にある市師範学校の運動場周辺は、かつて青州城西門の南に位置する龍興寺遺跡が広がっていた。南朝の宋の頃より仏堂という名で存在が知られていたこの仏寺は、以後、南陽寺(北斉)、長楽寺もしくは道蔵寺(隋)、大雲寺(唐)と寺院の名称を変え、唐の開元年間(713〜741年)に龍興寺となった。

1996年、龍興寺遺跡の中軸線上に配された大殿建築址の後ろから、大量の仏像が埋納された大きな土坑(東西8.7m、南北6.8m、深さ3.5m)が見つかった。出土した仏像彫像の材質は、やや青味をおびた石灰岩が多いが、それ以外に大理石(白玉)、花崗岩、鉄、木、泥塑、陶製など様々である。これらの仏像は種類別に土坑の中で三層に積み重ねられ、如来、菩薩、羅漢、供養者、半跏像など、計400点余りが納められていた。彫像は大小あり、3mを超える大きい彫像もあれば50cmほどの小さいものもある。また一部の仏像には古い時期の修理痕が確認された。

仏像の衣装装飾は鮮やかな色彩で、金箔がみごとに施され、豪華さにあふれている。菩薩立像はどれもおだやかな表情に富み、面相が美しく、すらりとした体部などじつにみごとな出来栄えである。切れ長の目と微笑みを浮かべる口元、また光背や蓮弁の彫刻も精巧である。これらは法隆寺の百済観音像を思い起こさせ、飛鳥時代の彫刻との関連を考えるうえでも極めて興味深い。

これら仏像のほとんどは意図的な破壊を受け、数点に分割された仏像が多く、かつてこの一帯に及んだ廃仏の凄まじさを垣間見ることができる。そのうち、紀年銘のある彫像は北魏永安2(529)年が最も古く、北宋時代の天聖4(1026)年の造像が新しい。仏像と一緒に検出された貨幣からこれら仏像の埋納時期は、北宋の崇寧年間(1102〜06年)以後と推定され、少なくとも北宋、金代頃にこの龍興寺もすでに廃棄されていた。

一方、龍興寺の北にさほど距離をへだてずに七級寺遺跡がある。現在、寺域は住宅地や畑に重なり、石像の残片が今もなお地表に散在しており、往時の伽藍の威容を偲ばせる。

現在、龍興寺遺跡の付近には青州市博物館が開設され、敦煌・雲崗・龍門石窟と並び、中国仏教美術の精粋を代表する仏像が展示されている。

玉龍の故郷を訪ねて

　磨くと美しい色艶を発する玉材で彫刻した玉器、とくに玉龍は中国文明を代表する工芸品で、先史・古代から現代に至るまで中国人に愛好されている。この玉龍の故郷が内蒙古東部と遼寧省西部一帯に広がる地であるとされる。新石器時代の興隆窪文化の遺跡からは最古の玉器や神秘な仮面彫刻が見つかり、その後の紅山文化（約6000～5000年前）への影響を示唆している。この両文化の遺跡を訪れてみよう。

内蒙古新石器時代の玉龍

＜興隆窪遺跡＞（地p.88）

　内蒙古赤峰市敖漢旗東の興隆窪村には約8000年前の環濠集落遺跡が発掘された。遺跡は不規則な円形（径166～183m）で、幅1.5～2m、深さ1m前後の環濠に取り囲まれている。正方形ないし長方形の大小竪穴住居がおおむね1列10基で並び建ち、合計10列を数える。遺跡からの出土遺物は石製工具の斧、鑿、スコップや粗製の陶鉢、甕、そして磨盤（棒）、骨刀、骨錐などであることから、狩猟・採集民の集落であることを物語る。

　近年、興隆窪遺跡から南東方向へ13km、大凌河の支流牤牛河の左岸に興隆溝遺跡が新たに発掘された。出土した土器の造形や住居址の特徴により、興隆溝遺跡は興隆窪文化中期（8000～7500年前）に比定される。ここの住居址の床に陶器、石器、骨器が遺され、他には炭化クルミや猪の頭骨も検出された。したがって、ここの集落住民らも生活基盤は採集・狩猟を中心においたことがわかる。また、ここの住居址の中に墓も発掘され、いわば室内埋葬の風習が存在したと推測される。死者の頭部から最古の玉玦が見つかり、また貝・石製品や人の頭蓋骨を精巧に彫刻した仮面も出土し、先史の人々の原始信仰をうかがい知ることができる。

　この興隆溝遺跡は興隆窪文化中期と紅山文化後期の環濠集落遺跡が同一地点で発掘されたことが最も興味深い。後者の遺跡からは3人の裸体の女性の抱き合う陶塑像が出土し、それは他の遺跡に見られる典型的な紅山文化の女神像の造形と共通した要素が明確である。またここで、開孔された海水貝類の貝殻がまとめて発見された。約5000年前の紅山文化後期の人々が、遠い沿海地域の住民らとすでに交流があったことも確認できる。

＜東山嘴・牛河梁遺跡＞（地p.88）

　遼寧省の凌源・建平・喀左の3県に広がる大凌河沿いの河谷地帯には、今から5000年前、アワの栽培と採集、狩猟などによって生活基盤を築いた紅山文化が興起した。そこで発見された神殿・祭壇・積石塚は紅山文化の一大宗教センターの跡である。

牛河梁遺跡積石塚

　ここで紹介する東山嘴・牛河梁遺跡は、西遼河(せいりょうが)の流れに沿って祭壇・神殿・積石塚の順で、約50kmの範囲に広がり、壮大な神聖空間をかもしだしている。

＜祭壇＞　大凌河に面する東山嘴では、15m離れて北と南に対応して配置された方形と円形(径2.5m)の祭壇がある。方形祭壇は北寄りに一辺約10m四方で、その上に高さ約0.8mの石板が多数立ち、石板の間からは双龍首玉玦、小型裸体妊婦像や等身の約二分の一を占める女神坐像の破片が出土した。これら女性の陶塑像はみな豊満な裸体で、朱で塗られて腹部がいずれも張り出しており、多産を祈るための偶像らしい。紅山文化の人々はここで定期的に祭祀行事をおこない、女神像を拝んで祈りを捧げたに違いない。

＜神殿＞　祭壇遺跡の西北50km、凌源、建平両県の境にまたがる牛河梁という小高い丘陵の頂上に円形建築を中心とした多室構造の神殿建築址があり、建物の壁面には彩色した幾何学文様が施され、中国最古の建築壁画とみなされる。その南に豚の頭と似たような山峰が神殿と対置して存在する。

　遺跡からは豚の顔をした龍や禽獣の爪をかたどった多数の土器のほか、リアルな造形で造られた女人の頭、肩、腕、乳房、手などの残片が6体分出土した。そして、建築址内には等身約3倍大の人物塑像の破片があり、そのかたわらにはほぼ等身大の陶塑人頭像もあった。この人頭像の顔面は赤く、浅い眼窩(がんか)に円形の玉製瞳がはめこまれ、唇に朱が塗られ、神々しい輝きを放っている。

＜積石塚＞　神殿の東約1kmの平坦地には人工の盛土の周囲に石を積み上げた墓、通常積石塚とよばれる埋葬施設が分布している。これまで、計6カ所、10基以上の方・円形の積石塚が見つかっている。方形の積石塚は一辺約18m、現存する高さは約1.4mあり、その東・西・北三面には石塊で積み上げた壁がある。ここ積石塚の中央には一辺3.6m、高さ0.5mの石壇が設けられ、その中心に板材で組み立てられた石槨が1基ある。この方形積石塚を中心に東・西両側にはほぼ同じ大きさの円形と長方形の積石塚が配される。円形積石塚は中央の円壇を囲んで石杭が内外三重に立っている。長方形積石塚は、礫石を用いて内外二重の壁をめぐらせ、内側の礫石壁の裏に24点の筒型彩文土器が一列に並んで置かれている。

　この長方形積石塚の南壁外からは15基の石棺墓が発掘された。中には猪龍形環状器、勾雲(こううん)形器、環(かん)、璧(へき)など精巧な玉器20点ほどを副葬した墓があり、特殊な身分を示したものであるが、富や武力を顕わすようなものが存在しない。このことから被葬者は政治的権力者というよりも、宗教的な指導者であろうと思われる。

姜女石・秦漢行宮を訪ねて

　秦の始皇帝が生涯5回にわたる東巡を果たし、海に到達した4回のうち、第4回だけが海岸線沿いに北上し、「碣石」(『爾雅・釈名』によれば海岸に立つ巨石)に至った。のちに漢の武帝も同じく政治・軍事の目的に加えて長生不老の薬をめざすため、はるばる都長安から東へ臨んで碣石の地に着いたという。曹操の『観滄海』は、この碣石景観の雄大さを謳った名詩である。

　遼寧省綏中県万家鎮楊家村の石碑地海岸断崖の付近に、版築の基壇を中心に曲尺形の建築址(南北長496m、幅170〜256m)があり、周辺から大量な磚・瓦建材が出土している。遺跡の下層からは始皇帝陵の出土品と同様の夔龍文大瓦当が見つかり、上層には漢代「千秋万歳」の文字瓦当があった。ここは秦の始皇帝と漢の武帝が好んで建てた離宮(碣石宮)の存在を示す最も有力な証拠である。

　碣石宮の主要建築は、一辺の長さ42mの方形基壇の上に建てられ、氷室・井戸・沐浴施設が見つかり、祭祀儀礼の場とみなされている。ここから直線距離約400mの海の中にそびえたつ礁石が三つあり、伝承に「姜女石(墳)」という。基壇の南大門址から海中の姜女石に至る間に石敷の道がつながっており、その両側に主殿・楼閣と回廊建築を特徴とした錨湾、黒山頭遺跡がある。この秦漢碣石宮の石舗装の大道は、満潮時に海中に埋没するが、退潮時にはまた海水面に浮び上がり、姜女石の手前まで歩いて行ける。

　保存・整備されたこの神聖・荘厳な碣石宮遺跡は、2000年以上の歴史を経てもなお、神秘的な光を放っている。

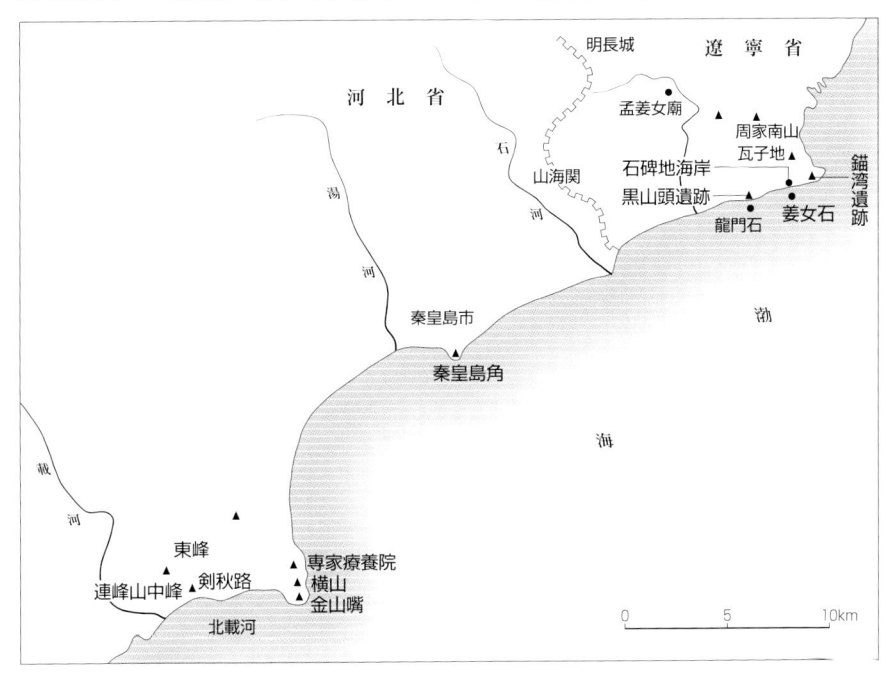

華北・山東・東北の地を訪ねて

高句麗遺跡を訪ねて

　古代東北アジアの一大国高句麗は、紀元前1世紀初めに鴨緑江中流域で興起し、5世紀頃に西北は遼河、東北は牡丹江、南は朝鮮半島中南部にまで広がり、最大の版図を有した。668年の内紛を機に唐・新羅連合軍の攻撃を受けて滅んだが、700年余りに及ぶ高句麗の興亡は激動の古代東北アジア史の中にひときわ光彩を放った。近年、高句麗早・中期遺跡の発掘や保存・整備公開事業が進み、2004年に世界文化遺産として登録された。

＜桓仁高句麗遺跡＞ 地p.88

　遼寧省東南端の桓仁県内、鴨緑江の支流渾江域の山岳地帯に高句麗の開国当時の王都がある。夫余人の朱蒙は高句麗政権を建てたのち、紀元前34年、五女山周辺で平地城とその背後にある山城を築き、紀元3年第2代の琉璃明王による集安遷都まで約40年間この地を都とした。

＜五女山城＞

　桓仁県の北東約8.5km、渾江北側の五女山（海抜820m）にある高句麗の山城。靴型で南北1540m、東西幅350〜500m、面積約60万m²である。五女山の東や東南部のゆるやかな斜面には石垣が築かれ、山の西・南・北面の険しい崖はそのまま利用し天然の防御壁とした。城門は三つ（南・東・西門）あり、山頂西南の平坦地帯が城内の中心区域である。ここには1〜3号大型建築址やオンドル付の居住址、井戸、貯水池および軍事防御施設などが分布している。ここで出土した遺物は黒色土器や石鏃、臼

五女山城

太王陵　　　　　　　　　　　　　　　　　　　　　　　　　　　　好太王碑、集安

および鉄製鎧甲、矛、車馬器、鉄製工具など高句麗早期を代表するものが多い。

<下古城子土城>

桓仁県から西北3kmの六道河子郷下古城子村の村内に高句麗初期の平地城がある。城壁はほぼ方形で、渾江に面した東壁は洪水のため流失したが、他の三壁は一辺の長さ約220～260mほどが残っている。城内には幅広い道路が十字に交差しており、今でも村人に利用されている。獣面文瓦当や土器破片、石鋤、石斧、石矛、石鏃など高句麗初期の遺物が多く採集されている。

<集安高句麗遺跡> (地p.88)

山城(丸都城)と平城(国内城)からなる高句麗中期の王都(3～427年)は鴨緑江中流域、通溝平原の中枢にあたる吉林省集安市に位置する。第19代の好太王は領土を遼東地方から朝鮮半島北部まで拡大し、高句麗の全盛期を迎えた。

第2代～第19代の高句麗王陵をはじめ、積石塚や墳丘墓、壁画墓など様々な種類の貴族墓が計500基、集安市洞溝に密集している。

<国内城>

通溝河の東岸にある高句麗の平地城(通溝城)で、現在の集安市街地と重なって存在する。ほぼ方形で、角楼や突出した防御施設(馬面)および六つの城門が設けられ、国内城を一周する石垣の総長は2741m。城内には宮殿址や切石造りの排水溝などが発掘され、龍の文様を施した磚や「太寧四(326)年太歳□□……保子宜孫」という東晋紀年銘文のある瓦、蓮華文瓦当などの豪華な建材が出土した。

また、城東500mの東台子遺跡に回廊、中柱を持つ華麗な建築址が発掘され、文字瓦や蓮華文、獣面文などの瓦が多量に採集され、社稷遺跡と推定された。この遺跡からは在地の陶器、鉄製品、金製装飾品の他、東晋越窯の青磁なども多く検出され、高句麗文化の精粋である。現在、これらの出土品は集安市博物館で一般公開している。

<丸都山城>

集安市街地から通溝河沿いに北へ2.5km走ると、軍事守備城としての丸都山城(3～342年)に至る。城は箕のような不規則の長方形で、山城の南面はゆるやかな斜面を呈

華北・山東・東北の地を訪ねて　111

し、開けた部分に石垣が堅牢に積み上げられている。山城の東・西・北面は綿々たる山峰が天然の障壁となり、自然山稜に沿った石垣が築かれた。城を一周する石垣は全長6947m、高さ1〜5m、城門が計七つあった。1号南門は通溝河谷の低地にあり、丸都山城に出入りする要道としてよく整備され、切石積の水門や暗渠が設けられている。

城内には4段築造の宮殿建築址を中心に望楼、居住址、防御施設や貯水池などが発掘された。二つの宮門を持つ大型宮殿址は、規格が不統一の建築址11基(組)に分かれ、総面積8260k㎡に及ぶ。出土した遺物は赤色の軒丸瓦、軒平瓦が多く、獣面文・蓮華文の瓦当や高句麗官職の銘文を刻む瓦など、王宮の華やかさを物語る。

＜太王陵＞

集安市街地から東北へ3.5km、鴨緑江の河川段丘台地にある高句麗第19代の好太王(在位373〜412)の陵墓。階段方墳積石塚で一辺約66m、高さ14.8m、墳頂を礫石で覆い、崩れないように各辺に5個の巨石が配置されている。方墳の上方に家形石槨を持つ玄室が造られ、周辺には磚や瓦の建材が散乱し、「願太王陵安如山固如岳」の銘文を刻んだ磚も見つかっている。東北に200m離れる大碑村には高さ6.39m、幅1〜2mの好太王碑があり、第20代高句麗長寿王が父好太王の功績を讃えるため、414年に建てたものである。

＜将軍塚＞

太王陵から北へ直線距離で約2kmの所にある、階段ピラミッド風の方墳積石塚。一辺31.6m、高さ12.5m、方墳の四面に巨大な護石を3個ずつ立てている。切石

将軍塚

造りの玄室は墳丘上方の中央部に築かれ、一辺5m、高さ5.5m。墳頂には瓦や蓮華文の瓦当が散乱し、墓上建築の存在も推測される。方墳の北に陪葬墓や祭壇らしい施設が存在し、両側には建築址も発掘されている。これらの構造特徴によって、5世紀初め、高句麗の第20代長寿王の陵墓として築かれたが、427年の平壌遷都後、ここに埋葬しなかったとも推測されている。

＜高句麗壁画墓＞

4世紀に登場し、7世紀高句麗亡国まで続いた特殊な高句麗貴族墓。集安地域で発掘された壁画墓は30基余りに及び、描写モチーフや色彩は、中原地域の漢晋壁画墓や遼東、楽浪郡墓制の影響を受けながら、在地の特色も見受けられる。早期壁画墓を代表するものには生活風俗の場面をいきいきと描いた角抵塚、舞踊塚などがある。時期がくだると、長川1・2号墓、散蓮華墓、環文墓などのように、人物風俗絵がある一方で花文様がふえ、やがて花文様が主流になる。さらに時期がくだると五盔墳4・5号墓、四神塚などのように四神図が新たに現れ、花文様の描写も色鮮やかで筆使いが細かい、高句麗文化の光彩を放つ傑作が多く見られるようになる。

4. 長江流域

稲作文化の起源を訪ねて

　大河のほとりに文明は発生する。長江流域においては更新世の末期に野生イネの採集がすでに始まり、完新世に入るとイネの栽培が始まり、人間生活を豊かにする稲作文化が華開いた。

＜万年県仙人洞・吊桶環遺跡＞

(地p.115)

　江西省東北部にある万年県大源郷の丘陵地帯の谷間にあたる小盆地に、人類史上の稲作文化の誕生を示す旧石器時代の末期（約1万2000年前）～新石器時代前期（約1万年前）にかけての二つの重要な遺跡が発掘された。一つは小盆地北の石灰岩洞穴にある仙人洞遺跡で、もう一つは小盆地西の小高い山頂にある吊桶環遺跡である。両遺跡からは、長江流域における最古の土器破片やイネ属の遺存体がともに見つかり、また同時期に作られた石器や骨器、貝製品なども検出された。

　ここで出土した数百点の土器破片の中には、古いものが200点余りあり、丸底の甕形土器の破片だと推定される。土器の文様は櫛描文や縄文が特徴で、土をこね合わせながら引き延ばした長方形の粘土片を筒状にしたり、もしくは細い丸棒状の粘土を巻き上げたりして、いわば原初的な土器製作の技法によるものであった。そして、遺跡で採取したイネを分析した結果、野生種イネから栽培種イネへと移り変わる様子が確認できた。

　仙人洞・吊桶環遺跡における最古の土器と最古の栽培イネとの共存は、南中国の新石器時代の到来を象徴するものである。

＜道県玉蟾岩遺跡＞ (地p.115)

　湖南省南部、広西壮族自治区と隣接する嶺山北麓の谷間盆地にある道県寿雁鎮の小高い石灰岩山には、玉蟾岩とよばれる洞穴があり、洞穴内からは1万年前のイネと土器の共存が確認され、長江流域における稲作文化の起源について重要な手がかりを提供した。

　玉蟾岩洞穴は西側が高く、東側が低い。動物の焼骨を含んだ灰黒色の焦土や遺物の痕跡の多くは、洞穴の西側に集中している。おそらく当時人々の生活空間として利用されたのであろう。

　この洞穴内から焼成温度の低い、砂混じりの胎土で粗製された縄文付の土器破片も見つかった。それを復元した器形は尖底を持つ甕類に準ずるもので、土器の年代測定によれば、旧石器時代後期末、約1万2000年前頃に遡るという。洞穴内の出土遺物は、華南地域における旧石器時代の打製礫石器を受け継いでさらに小型化した工具類が多い。中でも鋤形器などは、原始農業との関わりを考えるうえで興味深い。また、モノを切ったり、削ったりする円孔貝器や骨角器は、いずれも刃の部分に加工、摩損された痕跡が明瞭である。

　さらに、植物の種や水鳥、草食・肉食の哺乳類動物および淡水貝類などの化石も玉

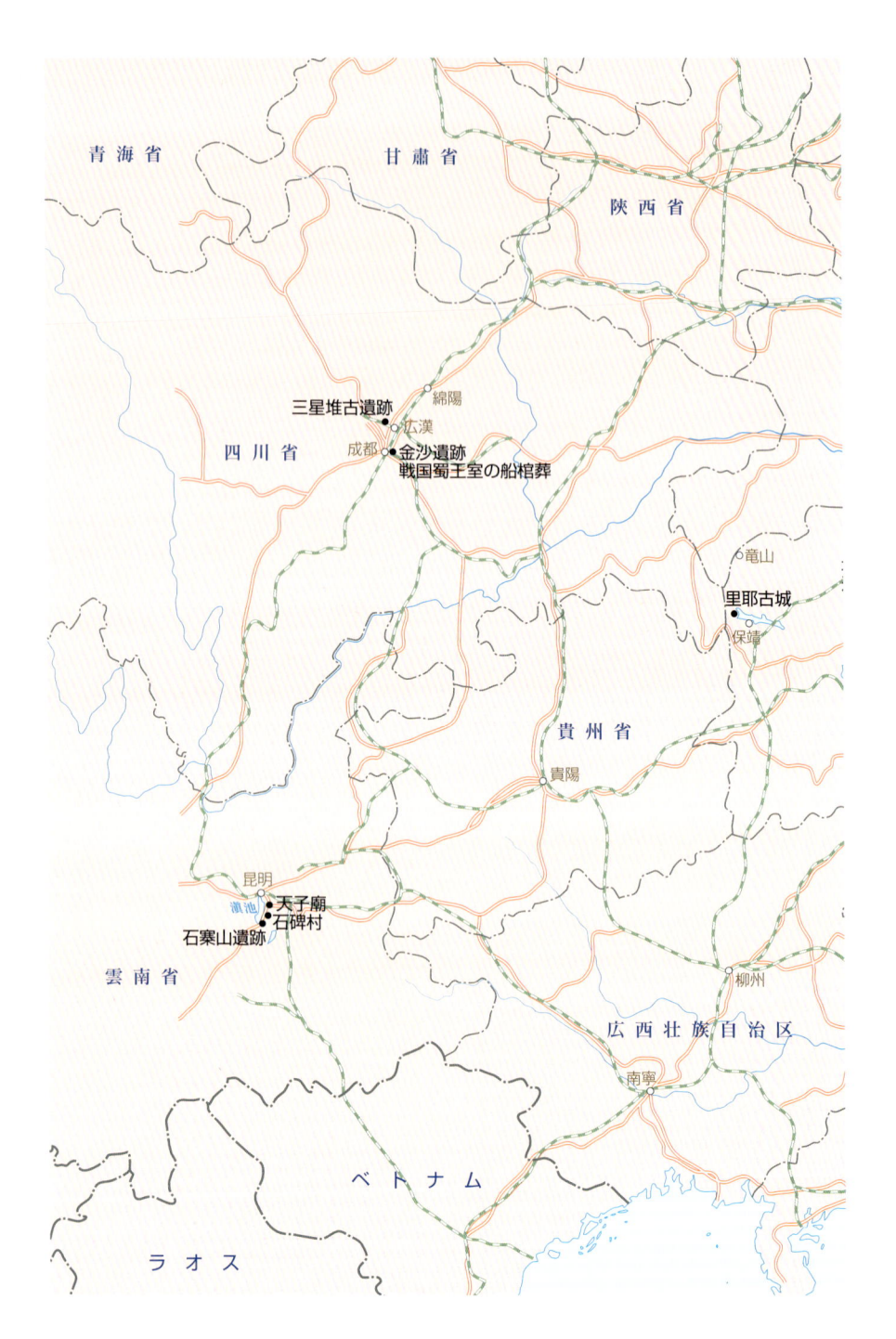

青海省
甘粛省
陝西省
四川省
綿陽
三星堆古遺跡
広漢
成都 金沙遺跡
戦国蜀王室の船棺葬
竜山
里耶古城
保靖
貴州省
貴陽
昆明
滇池 天子廟
石碑村
石寨山遺跡
雲南省
柳州
広西壮族自治区
南寧
ベトナム
ラオス

長江流域

- 前漢楚王墓 漢画像石
- 連雲港藤花落古城遺跡
- 尉遅寺環濠集落遺跡
- 高郵県神居山広陵王墓
- 南金鐘山の六朝祭壇 南朝陵墓と石刻
- 棗陽九連墩楚墓
- 曾侯乙墓
- 蘇州真山呉王大墓
- 石家河古城遺跡
- 余杭莫角山・反山遺跡
- 河姆渡遺跡
- 望山楚墓群
- 楚紀南城遺跡
- 紹興印山大墓
- 城頭山古城遺跡
- 彭頭山 八十壋遺跡
- 万年県仙人洞・吊桶環遺跡
- 馬王堆漢墓
- 樟樹商代呉城遺跡
- 新干大洋洲商代大墓
- 道県玉蟾岩遺跡
- 広州南越国の官署宮苑遺跡 南越王墓

河南省 / 江蘇省 / 湖北省 / 安徽省 / 上海市 / 浙江省 / 湖南省 / 江西省 / 福建省 / 広東省 / 台湾

連雲港 / 徐州 / 蒙城 / 泰州 / 錫州 / 南京 / 常州 / 無錫 / 上海 / 随州 / 合肥 / 天門 / 江陵 / 沙市 / 杭州 / 寧波 / 澧県 / 津市 / 常德 / 南昌 / 長沙 / 清江 / 新干 / 衡南 / 衡陽 / 郴州 / 福州 / 泉州 / 広州 / 香港

鄱陽湖 / 閩池

蟾岩洞穴遺跡から多く出土し、狩猟・採集を営んだ当時の人々の一面が映し出されている。それと同時に、洞穴の底部文化層から検出された2粒の籾殻を考察した結果、野生種イネから栽培種イネへの過度期形態とみなされ、最古の栽培種イネの原形と推定された。したがって、華南地区は人類史上の稲作農業の発祥地といえよう。

<彭頭山・八十壋遺跡> (地p.115)

洞庭湖の北西、澧陽平原のほぼ中央に位置する湖南省大坪郷彭頭山では、今から8000年前の竪穴住居址や墓地が発掘され、打製石器や磨製石斧の他、おもに縄文を施した深鉢、甕、盆、三足器などの土器が出土した。土器用胎土の混合材としてイネの籾殻や炭化した米が多く使用され、長江流域における稲作文化の原初遺跡とみなされている。

一方、彭頭山遺跡から東北へ約25km、澧陽平原の小高い台地上にある夢渓郷八十壋で、いくつもの住居址を中心に南北約110m、東西約80mの土塁(底部幅6m)とその外側の環濠(幅約4m、深さ1.5〜2m)によって取り囲まれた遺跡が見つかった。前者とほぼ同じ時期で、長江流域における最古の集落城砦遺跡である。土塁の外縁のゴミ捨て場や古河道の堆積物の中からは、大量の稲籾と米の遺存体が出土し、それを分析した結果、栽培種イネの要素をほとんど満たしていることがわかった。

つまり、長江中流域においてすでに8000年前から稲作農業を中心に漁労や豚・牛・鶏の飼育などを含めて生活を築いていたことが明らかになった。

<河姆渡遺跡> (地p.115)

杭州湾南岸の浙江省余姚県河姆渡村では7000年前の稲作集落遺跡が発掘された。ここの住居址は黄河流域の竪穴住居とは異なり、地面に打ち込んだ柱に板を渡し、ほぞとほぞ穴を利用した木工接合技術で組み立てたもので、高床式建築とよばれている。

住居址の周辺からは豚や犬、水牛の骨をはじめ、骨角製品、木製品といった有機質の遺物が多量に出土した。栽培種稲の籾や籾殻、稲藁の堆積層は20〜50cmにも及び、稲作用農耕具として、鹿や牛骨製の耜(スキ)・スコップ、木製の鋤、米つき杵などが100点以上見つかった。石斧、石刀や木製の櫂、機織の部品もあり、また、木製の柄を装着した骨角器は精巧なものである。7000年前の長江下流域では、稲作農業を中心に家畜の飼育も盛んになったことを克明に物語っている。

河姆渡遺跡ならではのめずらしいものとして、最古の木製漆椀や双鳥・太陽文が刻まれた木製蝶形器、および蚕文が施された小杯、または豊作をもたらす吉祥物として猪のモチーフを鮮明に描いた土器があり、いずれも独特な芸術性を表している。

現在、現地で発掘現場を保存・整備し、付近には遺跡博物館が建てられ、稲作農業を営んだ集落民の生活を紹介している。

<余杭莫角山・反山遺跡(良渚遺跡群)> (地p.115)

浙江省余杭市良渚鎮付近の丘陵地帯に、かつて長江下流域に栄えた良渚文化(5300〜4200年前)の集落遺跡が東西10km、南北5kmにわたって広がっている。

莫角山遺跡は、広大な祭壇(東西730×南

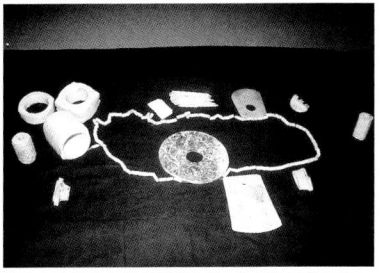

(上)余杭良渚文化遺跡群遠景　(下左)良渚大墓
(下中、右)大墓の出土品

北450m、残存高3～5m)と大型建築址を中心に配され、地上には城壁の存在が見あたらなかった。ところが、近年、遺跡の遠赤外線探査をおこなった結果、遺跡の周囲には基底部の幅約40mの四角い土壁が埋まっていることがわかり、良渚文化の城壁の存在がはじめて判明した。

　また、莫角山遺跡の周囲には、反山・瑶山・匯観山といった人工造営の祭壇や建築址が存在し、祭壇の周囲には大小様々な墓が散在する。これら合計50ヵ所を超える莫角山の遺跡群は良渚文化の政治・宗教的センターと推測されている。

　ここでの出土遺物は三足の鼎や竹節形柄付の高杯(豆とよぶ)など磨製石器や木製の農耕具の数々、灰黒色、黒色の磨研土器が中心で、大量の玉器も含まれる。そして、稲作の他、落花生、胡麻など栽培植物の種類もふえる一方、絹、麻製の織物の残片も出土している。稲作農耕社会の自給自足の豊かな生産・生活像を垣間見ることができよう。

　多彩多様な玉器は良渚文化の精粋ともいえるもので、磨研(みがく)、鑽(切る)、鑿(うがつ)などの玉材の加工法を用い精巧を極めたものが多い。玉の形作りは琮、璧、鉞、璜を中心に一部装身具もあり、最大の玉琮は高さ17.6cm、重さ6.5kgにも達する。獣面文や神人と神獣が一体となった神聖な図像を刻んだ玉器がしばしばあり、神秘さと威圧感のあふれるものである。反山20号墓だけで精美な玉器が511点出土した。被葬者は首長層クラスの人物であると推定されている。

　その後、高度な発達をとげた良渚文化は忽然と衰退・滅亡したが、玉器文化の伝統は中原の商・周王朝文化の中に脈々と受け

長江流域 | 117

継がれていった。
　現在、余杭市良渚鎮に良渚文化博物館が開設されている。周辺の遺跡を散策してから、館内で遺物の数々、墓地や遺跡景観の復元模型を見学することで良渚文化を肌で感じることができる。

＜城頭山古城遺跡＞　(地p.115)
　長江中流域の澧陽平原に位置する湖南省澧県車渓郷南岳村に環濠と城壁を持つ新石器時代の最古の集落城址があり、6000年ほどの歳月が流れても、タイムカプセルのように元の姿を残している。
　城頭山遺跡はほぼ円形で直径234m、城

城頭山古城遺跡の考古学的発見

何介鈞
(湖南省文物考古研究所研究員)

　洞庭湖平原の一部である澧陽平原の現在の湖南省澧県車渓郷南岳村に城頭山古城遺跡があります。
　1991年から12年間、湖南省文物考古研究所が中心となって遺跡の発掘をおこなってきました。1998年から2000年にかけて、日本の国際日本文化研究センターと共同で、城頭山を中心に澧陽平原の環境考古学、先端科学技術考古学の分析研究を進めました。日本からは数十名の学者の協力参加を得て、そのうちの多くの方が実際の発掘調査にも参加されています。
　発掘調査の結果、三つの主要な成果が出ました。第一は城壁の発掘です。城頭山城址の城壁は高さ4〜5m、外側には幅35〜50mの濠がある円形の城壁です。この城壁は大渓文化一期、大渓文化二期、屈家嶺文化早期、屈家嶺文化中期(それぞれ今から6000年、5800年、5300年、4800年前)の四

つの時期に築造されており、時期を重ねるたびに高くなっている場所や外側に広がっている部分もあり、城の規模が拡大していったことがわかります。第一期に建てられた城壁は、現在中国で発見されている中でも最古の城壁で、中国文明出現の研究にとって極めて重要な価値を持つものです。各時期の城壁の外側には空濠や水を通した濠がめぐらされていました。時代を追って城壁が積み重なっているのに対して、空濠と濠のほうはより深くなっています。このように濠と城壁は、時代を経るたびにより完全な防御システムを構成していったことがわかります。
　第二は築城以前、今から6500年前の湯家崗文化時期に集落が開墾した水田が発見されたことです。稲田からは水稲のひげ根や茎、葉をはっきりと識別することができ、また、稲が生息していたことがわかるプラントオパールが多量に検出されました。発掘範囲内で、あぜによって分けられた3枚の稲田が確認でき、最大のものは長さ40m余り、幅は4.6mありました。稲田からはタニシも発見されています。稲田の近くに、いくつかの人工的に造られた小さな溜池と水路もあり、原始的な灌漑施設がすでに存在していたことがわかります。澧陽平原の

壁の外周に幅35〜50m、深さ約5mの環濠がめぐらされている。城壁の東西南北の四面中央にそれぞれ1門ずつあり、北城門には波止場や船の出入りの可能な水門が設けられている。南城門の付近には小さい方形祭壇があり、城内から城壁の頂部へ登る階段も遺されている。城門内外や環濠から

城頭山古城遺跡

有史以前の遺跡、例えば彭頭山や八十壋では8000年前の籾が発見されていますが、稲田そのものの遺跡としては城頭山のものは、中国だけでなく全世界においても、今まで発見された中で最も早期のものです。

第三に、6000年近く前の大型祭壇と10にものぼる祭祀坑が現れたことです。祭壇の面積は数百㎡に達し、黄土を用いた版築で、楕円形をしており、中央の最も高い所に生け贄にされたと考えられる6〜7基の屈葬墓があります。祭壇の周囲にある数十の祭祀坑の中には、底に多数の穴の開いた陶器、犀や牛など大型動物の骨、坑いっぱいの米（すでに炭化している）、大きな石や焼けて紅くなった土の塊、稲の灰などがありました。このように早期のもので、規模が大きく、内容も充実した祭祀遺跡はなかなか見られません。

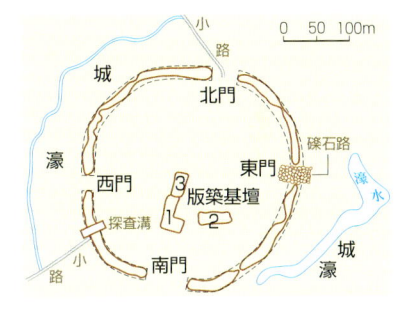

その他、これらの発掘により有史以前の墓葬800余り、家屋の基礎60余りが発掘され、出土文物数千点が出土しました。

城頭山は1992、97年の2回にわたって国家文物局のその年の十大考古発見に選ばれ、2001年には中国の著名な考古学者数百名の投票によって20世紀100年における重大考古学的発見100のうちの一つに選ばれています。

城頭山古城遺跡鳥瞰風景

発掘の様子

は石斧、鍬、櫂をはじめ石製、竹木製の生産工具、生活陶器や動植物の遺骸などが多く出土している。

東城門の門道のみ川原石敷の舗装なので特別な門であったのだろう。この東門内側に時期的に古い大渓文化の円形祭壇（直径16m、高さ0.8m）が見つかった。祭壇の頂上と周囲には土坑墓、甕棺（かめかん）や円形坑がほぼ等間隔で配列されている。円形坑内からは土器、石棒、炭化米や人骨、動物の骨などが出土し、また、焼土しか残されていない円形坑もあった。これは供献祭祀や焚焼・燎祭（りょうさい）（ふんしょう）を備える祭祀遺構であろう。この祭壇の一角には玉器と多数の精巧な土器を副葬したM678墓が発掘された。被葬者は首長層にあたる人物であろう。

時期の新しい屈家嶺文化になると、大型建築址は城内の中央に集中し、建物の間に幅約1mの砂石で舗装された道路がある。建物の中に三つの竈（かまど）が横並びに設置された部屋もあり、特別な空間のように思われる。同時期の墓地は中央建物の北側にあり、甕棺や土坑墓が多数存在している。

城頭山古城址の発掘と研究は現在でも続いており、それと同時に国の史跡として保存・整備にも力をそそぎ、史跡公園の建設企画も着実に進んでいる。長沙市から高速道路では3時間、水路を使うなら4時間で着き、沿路の水郷風景も満喫できる。

＜石家河古城遺跡（せきかが）＞ 地p.115

湖北省天門市（てんもん）石家河鎮の北に、今から5000〜4000年前の環濠・城壁を持つ集落遺跡が存在する。土器や農耕具など生産・生活用品の他、祭儀に使う玉器や土偶など様々な遺物が大量に出土し、屈家嶺文化を後継した新たな文化要素が明らかなことから、石家河文化と名づけられた。

石家河古城遺跡は屈家嶺文化に始まり、石家河文化にその繁盛期を迎えた遺跡で、平面はやや不規則の長方形で、南北1200m、東西1100mの城壁と深さ4〜6mの環濠に囲まれている。城内中央の譚家嶺（たんかれい）には一般の居住区があり、石家河文化後期の玉器55点を出土した大型建物は、東南城壁外の羅家柏嶺（らかはくれい）にあった。城内西北の鄧家湾（とうか）（わん）付近に筒型土製品の埋納遺構や二列に並べて埋められた缸形（こう）土器が複数あり、一部の土器の胴部には特殊な鎌、鉞、杯形の符号が刻まれている。一種の宗教的祭儀に関わる遺物であろう。城内西南隅の三房湾（さんぼうわん）ではラッパ形の粗製紅陶杯が総数およそ数万点も出土した。祭儀用に大量に使用しては廃棄を繰り返していたのだろう。

石家河遺跡は城壁の内外40カ所ほどの遺跡からなり、遺跡全体の面積としては8km²に達する。長江流域の新石器時代遺跡の中でも最大の中核集落遺跡で、各遺跡からは石家河文化期の土偶が5000点以上出土し、魚をかかえた人物坐像や羊、豚、犬、象、兎、猿、鶏など動物をかたどったものなど、表現力豊かなものが多い。

一方、屈家嶺文化〜石家河文化前期の墓地は城内の鄧家湾と南城壁外の蕭家屋脊（しょうかおくせき）の両地で発掘された。全体に首長権の伸長や世襲勢力を示す資料の存在が薄い。蕭家屋脊遺跡から出土した玉器99点は、人頭像や蝉、龍、鳳凰が彫られている。その文様や造形は山東龍山文化や長江下流域の良渚文化の玉器との類似性が明らかで、両地の交流を物語っている。

応城門板湾環濠集落遺跡

王紅星
(湖北省文物考古研究所研究員)

　応城門板湾環濠集落の遺跡は、湖北省応城市城北管区星光村にある総面積110万㎡に及ぶ大遺跡で、1998年以来の発掘調査により、遺跡の中心は南北約550m、東西約400m、面積約20万㎡の城址だろうということがわかりました。保存状態が比較的良好な西壁と環濠の部分的発掘をとおして、城壁の頂上は幅13.5〜14.7m、底部は幅40m近くあり、残存部分は城内の地面より3.5m高く(濠の開口部より5.25〜6m高い)、環濠の入口は幅59m、深さは1.8〜2.5mあることが判明しました。さらに思いがけないことに、保存状態のいい家屋遺構が城壁の下から見つかりました。この遺構は4部屋あり、北向きで南に位置し、東西に長さ16.2m、南北に幅7mありました。壁は日干しレンガを積み上げて造られ、内外に細かい黄泥が塗ってありました。それぞれの部屋は門道でつながっていて、合わせて六つの門があり、中間の大きな二つの部屋のそれぞれに北に向かって開かれた大きな門があります。それぞれの南の壁には床まで届く二つの方形の窓があり、窓枠は朽ちてはいるものの痕跡がはっきりしていて、横梁と枠のほぞ構造を観察することができます。各部屋には火を燃やす窯があり、部屋の北側には内廊下があります。

　この遺構の保存状態の良さは、この家屋が当時おそらく城壁建造のために、ただちに埋められたものであることを物語っています。何らかの理由で城壁を建造することになり、城内の住民がこのように状態の良い家屋を自ら放棄したのです。

　2001年に門板湾遺跡の第二次発掘をおこないました。その結果、以下のようなことがわかっています。

　門板湾集落群に最初に人が定住したのはだいたい、大渓文化晩期から遅くとも屈家嶺文化晩期で、その頃には門板湾環濠集落を中心に110万㎡に達する大型集落群を形成していました。屈家嶺文化晩期に、人々は集落群の中心に20万㎡に達する城址を建造し、その工事は極めて大がかりなもので、しかも一度に建造されたものです。明らかにこれは集落全体の労働力と物資を総動員して作られたものです。我々は、当時建城の過程において、城内の住民が自主的に西側にある多くの家屋を取り壊したこと、さらに、家屋の外側に建城時期とほぼ同時期の洪積層があることに注目しました。自然環境の変化、とりわけ河川の洪水が直接・間接的に人類の生存空間を脅かしたのです。集落が洪水の危険に直面し、洪水で低地にある集落が水没すると、被災者たちが先を争って被災の少ない生存可能な土地を求めていったのは当然のことでしょう。このことが労苦をいとわず、城壁や濠など防衛的性格を持つ施設を建造した直接の原因でしょう。

応城門板湾環濠集落遺跡家屋遺構

＜尉遅寺環濠集落遺跡＞ (地 p.115)

　安徽省北部の蒙城県許町鎮尉遅寺にある淮河北岸の小高い岡に新石器時代大汶口文化期の環濠集落遺跡がある。

　遺跡は南北240m、東西220mで、人工造営の大型環濠(幅25〜30m、深さ4.5m)によって囲まれている。環濠内には大小76の建物が、居住と貯蔵の機能別に17列、整然と並んで建っていた。個々の面積は大きい部屋が10〜30㎡前後、多くの部屋には竈が設けられている。小さい部屋は平均4〜5㎡で、大部屋に付属して造られたものが多い。ただし、これら住居址は廃棄後、大汶口文化の氏族墓地となっていた。児童の甕棺を中心に、成人の土坑墓もあり、副葬土器には日常生活用の三足器、柄付圏足器、平底器をはじめ、一部黒陶や白陶もある。土器の種類と造形は基本的に山東大汶口文化に帰属する。また、大口尊の胴部上方に「日」「月」「山」など浅彫りの符号が複数存在し、朱を塗った符号も一部ある。これらも大汶口文化の同類符号と一致するもので、したがって尉遅寺遺跡の性格も大汶口文化に類比することができる。

　環濠の中央南寄りに集会用の大型広場がある。その中心部には径4mの硬い焼土面が残され、祭祀儀式の場らしき遺構である。また、広場の東側から筒形器の冠頂に神鳥の立っている土器が見つかり、造形的に日本の古墳時代の象形埴輪と相似するもので、当時の鳥信仰のシンボルとみなされている。

＜連雲港藤花落古城遺跡＞ (地 p.115)

　新石器後期の龍山文化と岳石文化(今から約4500〜3800年前)の時期に相当する藤花落古城遺跡は、江蘇省連雲港市中雲郷西の諸朝村南に広がっている。

　この古城遺跡は南、北の雲台山間の平野に立地し、城壁と環濠に囲まれ、総面積は約14万㎡ある。二重の城壁を持つ大小二つの城があり、大城は南北435m、東西325m、城壁の基底幅21〜25m、残存高が1.2mあり、南城門には儀式用の埋納坑が残されている。

　小城は隅丸の方形で、独自の城壁(南北207×190m、基底幅14m)や城門、物見櫓、道路などが造られる他、三十数基の大小建築址が集中的に配置されている。この面積約4万㎡を占める小城は居住区としての要素が強い。その中で最大の部屋F56は面積100㎡で、集落の集会や儀式用の中心施設であったと思われる。

　大、小城の間の道路やその両側にある排水溝はよく整備され、小城の中には水田や水溜り、波止場、溝などの遺構が多数存在する。出土遺物は生活陶器、石器、貝殻製の農具や骨角製の工具、また小型の装飾品としての玉器などを中心に約2000点以上がある。斧、鑿、刀、鏃など精巧に磨かれた石器が多く、農工具の発達を物語る。出土した動物の遺骸は鹿や猪、牛など、家畜動物が多く、魚介類が少ない。ここで検出された数百粒の炭化米は現代の栽培種イネに極めて近いもので、以上の諸要素を総合的にみると、藤花落古城遺跡の経済基盤は基本的に稲作農業を母体としている。

　出土陶器の種類は鼎、杯、豆、盤、盆など様々で、造形や文様、透し彫りなどの製陶技法は、山東城子崖龍山文化(→p.90)の影響を受けている。この遺跡は江蘇省北部および海岱地区の文化様相を究明するうえで、重要な資料を多く提供している遺跡である。

長江流域の青銅王国を訪ねて

　江西省大洋洲の商墓に現れた双面神人頭像や双尾虎、羊角獣面造形の青銅器、四川省三星堆の祭祀坑から出土した青銅製の神樹、神壇、太陽形器、縦目を持つ大型仮面など、長江流域から出土した青銅器の数々は、古代中国文明の枠組みを打ち破るほど驚異的な反響を呼び起こした。

＜樟樹商代呉城遺跡＞ 地p.115

　江西省樟樹市呉城郷の呉城村一帯に連綿と連なる山岳丘陵地に、隅丸方形の土城が広がっている。近年の発掘成果によれば、城内の面積は61.3万㎡で、今でも地表に3mぐらい残されている城壁とそれをめぐる濠があり、城壁に東西南北の門に東北門を加えて計五つの城門がある。

　城全体は山岳丘陵地の地形を有効に利用して築いたもので、軍事防御施設の要素が強い。遺跡から出土した遺物や土器の形式編年の考察によると、この土城は商代に造営が始まり、三つの時期に増築されたことがわかる。長江中流の贛鄱地区における商代の一つの地方王国であろう、との考えが有力視されている。呉城遺跡の第三期早期の層位底部から20～40代の成人頭蓋骨が21個出土し、その一部には刀もしくは剣類による三角形の傷跡がある。戦いに向かった戦士か捕虜であろう。この激しい戦いのすえに、商代呉城も廃棄されたらしい。以来、唐宋時代に至るまで、人々が城内に暮らしていた。

＜新干大洋洲商代大墓＞ 地p.115

　1989年、江西省新干県城北20kmの大洋洲郷程家村の村民らが、贛江古河道で土取りの作業中、偶然に墓の遺跡を見つけた。多量の青銅器の出土がきっかけで商代後期(紀元前1100年頃)の大墓であることが判明した。

　大墓は今の贛江の東1kmの砂丘地帯にあり、たび重なる洪水氾濫で荒らされ、埋葬施設の判明が難しいが、現場の土層に見られる腐蝕質の色変化や残存の漆片によって、木棺(2.3×0.9m)槨(8.2×3.6m)の存在がわかった。

　この大洋洲商代大墓から出土した副葬品の総数は1374点(組)に達し、青銅器の完形品だけで475点を数える。礼楽器の鼎、鬲、壺、豆、盤や鐃、鎛などを中心に、武器武具類の矛、戈、戟、鉞、剣、刀、鏃、短剣や冑、また工具類の犁、鋤、鑿、耜、鎌、手斧、鑿など、さらに双面神人頭像や双尾虎、羊角獣面の文様が施された青銅飾器が含まれている。これらの造形と文様は、中原地域の青銅文化とのつながりがめだつ一方、帯状燕尾文や虎の装飾は商代青銅器の中でも類例を見ないもので、この地域独特のものといえよう。

　ここに出土した大量の玉器は礼器類の琮、璧、環、玦、璜をはじめ、儀仗装飾器の戈、矛、鏃や装身具の腕輪、首飾り、帯飾り、ペンダントなど様々ある。その中で神人獣面、羽人および虎・蝉・蛙・魚形の造形や文様は、中原的要素が鮮明だが、琮や神人獣面装飾に代表される良渚文化の玉器系統とのつながりもはっきりと見受けられる。

　他には炊飯器や盛食器を中心に焼成温度の高い硬陶や原始磁器が多く出土している。

この墓の被葬者は不明だが、その規模や出土品の豊富さ、また中原文化の影響と在地文化の要素を見るかぎり、商代後期の贛江流域における地方王国の首長クラスの墓であろう。棺外から検出された成年女性1人と子供2人の歯は、大墓の殉死者のものと想定される。

　2003年春、大洋洲商代青銅器博物館が現地で開設され、商代大墓の出土品を展示しながら、長江流域の青銅王国の姿を再現している。

<広漢三星堆古城遺跡と祭祀坑>
(地p.114)

　四川省成都盆地の片隅にある広漢市三星堆一帯は、紀元前16世紀頃の古蜀国の都のあった所である。不規則な、長方形の城壁に囲まれた遺跡は面積約3.6km²に及ぶ。

北城壁は鴨子河の氾濫によって流されたが、東・西・南の城壁は残されている。城壁の基底(平均約40m)は版築技法で造られ、主体部は日干しレンガを重ねて高さを増している。

　城内の北側にある「月亮湾」とよばれる高台の周辺の建築址が、当時の宮殿跡だと推定される。

　1986年、三星堆のレンガ工場で土取りの作業中に商代の祭祀坑2基が発見された。坑内には金銀器、玉石器、青銅器、象牙類など、900点余りが積み重ねて埋納されており、そのどれも金石加工技術レベルの高さを誇る非常にめずらしいものばかりだった。

　1号坑は不思議な目を持つ巨大な青銅仮面、人頭像、ひざまずく人物像や龍形装飾、龍柱形器、虎形器、武器の戈、戚および酒器の龍虎尊、羊尊、大皿などが中心で、2号坑はほぼ同形式の青銅仮面、人頭像の他、大型立人像(高さ2.6m、重さ180kg)、獣面、神樹、神壇、太陽形器、大きな縦目を持つ仮面(幅137cm、重さ80kg)や目玉飾り、および鳥、蛇、鶏、怪獣、水牛頭、鹿、ナマズなど様々で、人物、動物および植物をかたどった神・人・鳥・獣の描写が特徴的である。

　青銅容器の文様や造形について中原地域の青銅文化と共通するものがあるが、地域

三星堆出土青銅立人像

三星堆出土
縦目獣面具
青銅仮面

色の濃いものも多い。

　青銅仮面は部分的に金箔が施されているものも多く、また純金製人頭像、虎形・魚鳥形・璋形の金飾りや帯状や矢の文様が施された金器など黄金製品の数は商代遺跡の中でも最も多い。その中でも神の加護を象徴する黄金の杖は、長さ143cm、重さ463gに達するもので、呪術的な力を持つ存在感もある。

　玉璋、戈、琮、鑿、斧、刀、剣などを中心に、おおむね宗教儀式に用いられた玉石器も250点を超える。

　遺跡の層位、遺物の特徴や放射性炭素の年代測定により、三星堆古城址の存続時期は商代後期頃（前14～11世紀）と推定されている。中原文明の遠隔地帯に存在していた三星堆文化の持つ高い技術と、地域色が、その出土品に鮮明に映し出されている。

　現在、成都市の北40kmの広漢市郊外の遺跡付近に三星堆博物館が開設され、古蜀国の遺物の数々を展示している。博物館の屋上に登ると三星堆古城遺跡を一望することができる。

＜成都金沙遺跡＞ （地p.114, 125）

　四川省成都市西郊の青羊区金沙村では、商周時代における古蜀国遺跡が見つかり、建築址や墓地、窯跡の発掘も相次いだ。

　金沙遺跡の中部あたり、現在の体育公園周辺に居住区と墓地が集中し、遺跡東部の梅苑東北区域は宗教儀式の場とみなされ、遺跡全体のプランが読み取れる。金沙遺跡の出土品は金器40、玉器900、青銅器700、石器300、象牙骨器40余点など、合計2000点余りにのぼる。その他、何トンにものぼるほど大量の象牙の堆積坑も検出されたが、これは宗教儀式に関係する遺物と推測される。玉器は琮、璧、璋、鑿、圭、鉞、戈、矛、人面、貝形器などを中心に半製品が多い。また、丸彫り彫刻の石跪坐人像、石虎、石蛇などは金沙遺跡を特徴づけるものである。

　一方、ここから出土した金器は仮面、冠帯、ラッパ形器や人形・太陽神鳥の金箔などが特徴的で、金冠帯の表面に刻まれた鳥、魚、矢、人頭の図案は三星堆の金杖のものとほとんど共通している。青銅器も三星堆のものと相似する立人像や小型銅器の部品があり、陶器の造形など三星堆と金沙の両遺跡は同一系統より継承されたことがわかる。三星堆文明の衰退後、古蜀国が成都平原に新たな拠点を遷し、商代後期～西周期にかけて発展、繁栄したのが、この金沙遺跡であろう。

　また、出土品に施された獣面文や雲雷文などは中原文化とのつながりを物語っており、玉器の彫刻や文様も長江中・下流域との関連性が見られる。中でも神面文玉琮は良渚文化の玉製品とまったく一致するものである。このように、金沙遺跡に代表される古蜀国文化は他地域との文化交流も盛んであったことがうかがえる。

成都市街

成都市商業街の戦国早期大型船形棺・独木棺の墓葬

顔勁松
（成都市文物考古研究所研究員）

　成都市の中心部は古代成都の少城や、大城のおかれた地ですが、ここから近年はじめて戦国時代の大型墓が発見されました。遺跡は成都の市街地一環路内の商業街58号にあり、2000年7月から2001年初頭にかけて成都市文物考古研究所が半年近くの時間を費やして発掘しました。

　ほぼ戦国時代早期に相当する蜀王朝中晩期の大型多棺合葬の船形棺、独木棺墓葬で、蜀の王族もしくは蜀王本人の家族墓地と推察されています。

　墓全体の規模は非常に大きく、下部は墓室、上部には地上建築があり、その構造は工夫され、並んで置かれたたくさんの船棺、丸木彫りの棺などの葬具の下に横木を敷く埋葬方法は国内ではじめて発見されたものです。

　現在までの発掘の状況から見て、墓道も盛り土もありません。下部の墓室は長さ約30m、幅約21m、面積約620㎡の長方形の竪穴墓です。中には不揃いの角材が墓壙に対して横向きに一定間隔で敷かれ、その上に大小32基の船形棺が墓壙と同じ向きに順序よく配置されていました。

　墓は盗掘に遭ったため、現存している船形棺、独木棺など葬具は17点で、すべて貴重な楠木の丸太材一本を丸ごとくりぬいて作られ、棺は蓋と本体に分かれ、墓穴と同じ向きに平行に並べられていました。このうち大型船棺は4点あり、最大のものは長さ18.8m、直径1.4mあります。葬具の数量の多いこと、大きさにかけては全国一と言っても過言ではないでしょう。

　地上部分の建築物は長さ38.5m、幅約20.5mで前後2つの部分に分かれます。墓穴に土を入れたあと、その上にふたたび穴を掘り、基礎を置いて建造したもので、これは古代の寝廟（祖先を祀る廟）と関係があると見られています。このような建築形式は国内における考古関係の資料中には見られなかったものです。

　墓からは銅器、陶器、漆器、竹木器などが数多く出土しました。中でも深腹圏足豆、円底釜、尖底平底缶、ふたつき双耳瓮など戦国早中期によく見られる陶器は、精密に作られ、焼成温度も高く保存状態も良く、双耳瓮の中からは食料の残滓や果物の種などが見つかりました。そのほか副葬品には矛、戈、鉞、斤、削刀、帯鉤、印章などの銅器や、筵、籠などの竹の工芸品がありました。

　出土した副葬品の中で最も精巧で美しいものは漆器類です。耳杯、案、几、器座、盒、梳、楽鼓、瓢箪笙、編鐘（磬）、基座、および多くの木製品の組子（梁）など、様々な形態の漆器は紅彩黒漆で走獣文や変形龍文などの模様が施され、我が国の戦国時代における漆器の中でも類まれな逸品ばかりです。この発見は成都における漆器の生産年代を300から400年早めることになりました。

　この他、出土した大型編鐘、編磬の漆架座および多くの殉葬の棺は、この墓の主が蜀国における上層部の統治者階級に属していたことを示しています。これは蜀国考古における重大な発見であり、蜀の歴史、文化および墓葬制度研究において大変重要な資料を提供するものです。

戦国船形棺の発掘現場

遺跡出土の蜀文化の土器

遺跡出土の蜀文化の漆器

呉・越・楚の郷を訪ねて

　もともと黄河流域が中心であった中国文明も、前7世紀、春秋時代後半からは長江中流域の楚(都は今の湖北省荊州市に近い郢)や、江蘇省を中心に興起した呉(都は今の蘇州)、浙江省に興隆した越(都は今の紹興)が、強大な勢力をふるうようになった。とくに春秋末期の有名な呉と越の戦いにおいて、呉は越に滅ぼされ、越も前4世紀には楚に滅ぼされた。戦国時代を通じて楚はその領域を淮水の流域にまで広げ、戦国七雄の一雄としておおいに勢威をふるった。

＜蘇州真山呉王大墓＞ 地p.115

　蘇州市の西方から太湖に至る丘陵地帯には起伏した山峰が連綿と連なる。そのうちの一つ、真山は蘇州市滸関鎮の西北1.5kmにあり、北は華山がそびえたち、東は京杭の大運河が流れ、西は太湖を一望することができ、古今にわたり風水にかなった好地である。山頂に東西13.8m、幅8m、深さ1.8mの竪穴墓壙の中に複数の棺・槨が埋められ、その上に石混じりの土台や長方形墳丘が造られた。この大墓の立地と規模、

蘇州真山呉王大墓

副葬品の規格、棺槨破片の精緻な漆絵などからみると、真山大墓の被葬者は春秋後期頃の呉の王と推定される。

　この大墓は埋葬後まもなく盗掘されてしまい、残存した副葬品は原始磁器や玉製の覆面セット、虎形玉牌、玉瑗、玉璜、玉戈などの玉器類で、いずれも精美なものである。また瑪瑙、水晶、トルコ石、孔雀石の宝石類や管形の首飾りなどの装身具類も多い。

　真山のふもとには大墓の陪葬墓と思われる春秋戦国期における呉国の土墩墓57基が確認されている。

＜紹興印山大墓＞ 地p.115

　浙江省杭州市から東へ60kmに位置する紹興は、春秋後期の越の国都「会稽」である。越王勾践はここで勢力を蓄え、紀元前

473年に呉を滅ぼし、時の東南地方の覇主となった。

紹興市街から南西13kmの藍亭鎮周辺は、標高100m前後の丘陵地帯で、いたる所に森が茂っている。中国歴代の書道家にゆかりのある聖地藍亭もその森の中で緑に囲まれている。

そこから東へ2.5kmほどで、谷間の平野に立地する印山にたどり着く。この小高い丘陵の山頂に岩盤を掘った東西長方形の墓壙が造られ、埋葬後に版築工法で高い方墳（東西72×36m、高さ9.8m）が築かれた。この印山墳墓を囲んで四角い環濠（南北320×265m）が掘られ、四面の中央あたりに一つずつの陸橋がある。

この印山大墓の埋葬施設は全長34.8m、幅6.7m、高さ約5.5mの複雑な木槨で、大型の角材を合掌式構造で組み立て、通常の箱型槨とは一味違う在地墓制の伝統を引き継いだ異色の構造である。長さ6mの長大型木棺は幅1.1mの丸太材を半分に割り、中をくりだして棺の蓋と身を造り、槨の中部に置かれた。棺・槨材の表面は満遍なく漆が塗られ、長大な槨の外周に樹皮が貼りつけられ、大量の木炭や青膏泥が1～2mぐらいの厚さで詰め込まれている。埋葬

紹興印山越王墓　（上）外観　（中）合掌式木槨墓
（下）木槨墓内木棺

設全体の密封・防腐に徹していることがわかる。それでも古今の盗掘穴が10カ所あり、巨大な埋葬空間の中は空っぽに近い。副葬品はわずかに小型の玉器や石矛、環以外ほとんど残されていない。しかし、獣面文を施した玉鎮や龍首文の玉鈎、玉玦、玉剣、玉鏃、玉飾りなど玉器の精巧さ、装飾文様の豪華さはすばらしい。

こうした印山大墓の墳丘、環濠の規模、豪華な埋葬施設や装飾文様の特徴から、春

楚紀南城遺跡

秋末～戦国前期に造営された越の王墓と推定される。現地では印山越王陵博物館が開設され、この巨大な地下構造をとおして、古の東南覇主の雄姿をうかがうことができる。

<楚紀南城遺跡>（地p.115）
　春秋後期～戦国期の楚国の都郢は湖北省荊州市（旧江陵県）の北5kmにあり、紀山の

包山楚墓

王紅星
（湖北省文物考古研究所研究員）

　1986年、楚の古都である紀南城の北約16kmの所にある荊門十里鋪包山墓地で、湖北省荊沙鉄道考古隊によって楚の時代の墓5基が発掘されました。そのうち最大のものは2号墓で、墳丘の直径54m、高さ5.8m、地下の墓室は東西34.4m、南北31.9m、深さ12.45m、東方向の墓道は長さ19.8mあります。墓は二つの槨（外棺）と三つの内棺からなり、外槨は5室に分かれて、東室には礼器と食器、西室には生活用品、南室には武器と車馬器、北室には竹簡と日用用具が並べられていました。中室には内槨と三層の棺が安置され、副葬品は礼器、楽器、生活用品、武器、工具、車馬器、葬儀用器、装飾品および簡牘など、全部で1935点（竹簡、署名した木札、封泥、動植物の遺物は含まれていません）に及びます。
　礼器、食器には鼎、簠、敦、壺、罍、缶、尊などがあります。炊事用具と陶罐の中には、加熱した食品の残留物として牛、豚の骨、魚の小骨が見つかり、また細いひごで編んだ数十の方形の竹の行李には栗、赤棗、柿、クログワイ、レンコン、生姜、山椒などの果物類と調味料が盛られていました。その他大量の絹織物、彩色漆器も出土しています。北室から発見された彩色の化粧小箱の蓋の外側には、楚人の生活絵巻が濃い色調の細密漆画で描かれています。絵画中の26名の人物は、服飾の形や色彩がそれぞれ違い、車馬の形も描き分けられ、身分の違いを現しています。先秦の礼書に記載されていた諸礼が実際におこなわれていたことを示す作品です。
　これ以外にも龍首鴛鴦鍬青銅杖、角彫り虎首蟠龍、木彫臥虎、紅漆皮の馬冑、鋼針、木製折畳み移動式寝台など選り抜きの品々は、楚人の卓越した芸術と技巧を現在に伝えています。さらに専門家たちがそろって称賛するのは、278枚の竹簡の発見です。木材の表面は外皮を取り去ったばかりのように真新しく、墨書は古いままで、竹簡の字体は秀麗、文字の配列にも節度があります。記載内容は公文書、占卜祭祷、遣策（副葬品のリスト）などで、先秦の文献の不

南に立地するため、一般に「紀南城」とよばれている。『史記』「楚世家」によれば、楚の文王元(前689)年の遷都から頃襄王21(前278)年、秦の大将白起による郢都の陥落まで約400年以上繁栄し続けたという。楚の詩人屈原はこの地で20年余りを過ごし、名作「離騒」を残している。兵法家の呉起、思想家の荀子など戦国の名士らもそれぞれここで活躍した。

紀南城遺跡は長方形(東西4450×3588m)で、それを囲む城壁と外濠が整然と造営されている。城壁は版築技法で築き上げ、地上の現存高でも4～7.6mに及び、頂部の幅は10～14m(基底幅30～40m)ある。四面の城壁には城門が二つずつあり、北城壁の東門と南城壁の西門には船が出入りす

足部分を直接補う史料となりました。

この包山楚墓は、楚国の王族、邵氏一族の家族墓で、その主墓である2号墓の被葬者は楚の官吏左尹邵㡉、「気病み」を患い前316年に逝去した男性で、年齢は35～40歳の間であることが明らかになりました。このように墓主の身分、埋葬年代がはっきりした墓の発見は、楚墓の研究にとって年代と階層区分の標準尺度を提供してくれました。また、戦国中晩期の楚国の礼制の研究に、葬儀の制度・習俗などの貴重な実例を提供するものとなりました。

包山2号墓全景

る水門がある。今の朱河と龍橋河がこの水門の通る道で、今でも川が流れている。

　城内中央の南東寄りの松柏区一帯では、建物の基壇跡84基が見つかり、いずれも中軸線沿いに配置されているが、ここが鄀都紀南城の宮殿区に該当する。また、宮城の城壁一部も確認され、宮城南西の陳家台では金属器の鋳造工房も見つかった。さらに、城内の各遺跡から井戸が約400カ所発見され、とくに龍橋河の南岸に井戸や窯跡が集中していることがわかる。ここは交易で賑わう市を含む鄀都の繁華街にあたる。

湖北省博物館案内

王紅星（湖北省文物考古研究所研究員）

　武漢市の東湖景勝地内にある湖北省博物館は、省内唯一の総合博物館です。おもに曾侯乙墓から出土した文物を展示している編鐘館と、2004年にオープンした楚文化館が一般に公開されています。2005年末には本館も完成する予定です。

　今までに収蔵した各種文物は20万点余り、そのなかには国家文物鑑定委員会の鑑定による一級品がおよそ600点あります。

　現在、展示中の曾侯乙墓出土文物は戦国時代早期の侯爵であった曾国の君主乙の副葬品であり、ここから出土した青銅器は総計6239点、重量は10.5tに及びます。その先進的な鋳造技術、精緻を極めた装飾工芸は神業さながらで、ため息が出るほどです。例えば尊盤（尊という酒器と盤という受け皿の2つを組み合わせた容器）の口縁部は蟠螭透し彫り文で飾られ、上下二層に分かれ、内外二つの蟠螭文が入り交じっています。一つの輪は16の文様からできていて、それぞれは形態のまちまちな四対の変形蟠螭文から成っています。表層の文様に関連性はなく、それぞれが独立し、内側の層の銅柱に支えられています。内層の銅柱は層に分かれてつながっています。このような全体構成は、極めて精巧で律動的な芸術効果があります。これは中国古代に用いられた失蝋法（ロストワックス）で鋳造された、大変優れた作品の一つです。このように精美に鋳造された青銅器群、たくみに彫られた玉器、精緻に作られた漆器および九鼎八簋を代表とする祭器は一見に値します。

　また、鐘、磬、鼓、瑟、笙、簫、篪、琴など8種125点の楽器が出土したことは曾侯乙墓の一番の特色です。そのうち編鐘は65点で、鈕鐘19点、甬鐘45点、および楚王が贈った鎛鐘1点が含まれます。鐘および架、鈎には編号、記録、基準の音程や音律理論を記した計3755字の銘文があります。それぞれの鐘は打つ位置によって3度離れた二つの音を出すことができ、別々にたたくこともできますし、二つを同時にたたけば耳に心地良く響くハーモニーを奏でます。中国の古編鐘が一つで2音を出すことは、記録にはありましたが、この発見によってそれが実証されました。一揃いの鐘の音域は広く、音階が豊富で、音色は美しく、深みのある低音、まろやかで潤いのある中音、透きとおってはっきりとした高音を備えています。その音律はＣ２からＤ７に至り、中心音域は12半音を備え、転調することができ、7声音階の多種楽曲を演奏することもできます。保存状態のいい、

紀南城の各遺跡から出土した遺物は、生活用陶器や瓦類建材が中心で、銅製帯鉤、兵器や鉄製工具の鎌、鋤、耙、斧、鑿、刀子、釣具なども様々である。

　紀南城の周辺30〜40kmの範囲内には春秋中後期〜戦国中後期にかける楚の墓地が散在している。紀南城遺跡の城壁を登ってみると、雄大で壮観な往時の都の姿を体感することができよう。

＜望山楚墓群＞（地p.115）
　紀南城から北西に8kmほどの八嶺山周

建設中の湖北省博物館完成図

優れた鋳造の楽器が大量に出土したことにより、中国先秦時代の音楽の宝庫と称賛される曾侯乙墓の出土品をぜひご覧ください。

　まもなく公開される楚文化館は、すでに知られている楚の文化をまとめて展示しています。ここでは、望山楚墓、包山楚墓、九連墩楚墓、江陵紀南城などから出土した精緻で美しい文物を見ることができます。

　2006年に一般に開放される本館では、長江中流地域の古代文化の概要を理解することができます。一番古い時代では直立原人（ホモ・エレクトス）からホモ・サピエンスに推移する過程の標本、「鄖県人」の頭蓋骨の化石、それとともに出土した打製石器2点などが展示されます。新石器時代のものとしては城背渓文化陶器中から発見された籾殻、屈家嶺文化の蛋殻彩陶（卵の殻の形の彩陶）などがあります。青銅器時代の盤龍城銅器群、戦国秦漢時代の漆木器、シルク、竹簡、六朝時代の銅鏡・青磁、隋唐時代の陶俑・磁器、明代の梁庄王墓の金、銀、磁器などを時代を追って見ることができます。

長江流域 | 133

辺の小高い丘陵地帯に、大小の墳丘を持つ楚墓群が群在している。

そのうち、望山・沙塚の両地で8基の楚墓が発掘された。望山1、2号墓は南北に100m離れて築かれた竪穴槨墓で、地上に3m前後の墳丘が残存し、その真下に深さ約8mの竪穴墓壙を掘り、その中に長さ約5m、幅4m、高さ2.5mの大型木槨が築かれ、30代の男性と50代の女性が葬られていた。

この両墓はともに古くから盗掘されたが、残存する副葬品は1基につき600〜700点以上あり、青銅礼楽器、武器や、保存状態も良好な竹木漆器が最も多く、陶器、鉄器、玉石器、車馬具、染織品など多岐にわたっており、楚文化の精粋ともいえる。他には、魔除けの役割を果たす鎮墓獣や占いか祈祷などの内容を竹の表に鮮明に記録する竹簡もある。それらの造形的特徴や竹簡文字の内容によれば、望山楚墓の年代は前4世紀後半〜前3世紀初頭で、被葬者の身分は楚の大夫クラスの中流貴族に該当するものであろう。ここから出土した副葬品の多くは湖北省博物館の常設展で鑑賞することができる。

＜曽侯乙墓＞ (地p.115, 134)

1978年、湖北省武漢市の北西155km、随州市西郊外にある擂鼓墩の建設工事中に1基の未盗掘の大墓が偶然に発見された。青銅編鐘などに刻まれた銘文に「曾侯乙」という人名が複数見られることから、この大墓の被葬者は、楚の恵王56(前434)年頃に亡くなった小国曾侯王の「乙」と特定されたのである。出土した副葬品の総数は1万点以上にのぼる。

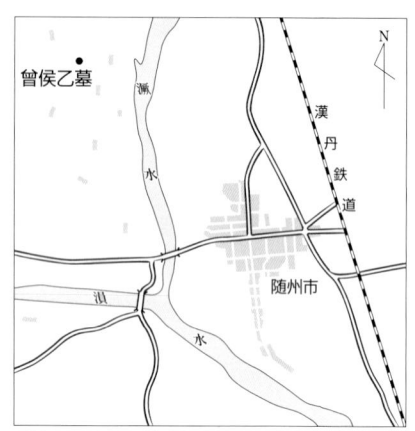

曾侯乙墓周辺

この曾侯乙墓は小高い丘の上に長さ21m、幅16.5m、深さ11mの竪穴墓壙を掘り、その中に大量な角材を用いて複雑な槨が組まれている。大型木槨の外周に木炭と粘土による密封措置が施されていたため、2400年以上の歳月を経てもなお埋葬施設の構造や副葬品のすべてはいっさい腐らず、埋葬時のまま完全に遺され、まるで地下の宝物館が蘇ったようである。

竪穴墓壙の大きさにぎりぎりで納められた大型木槨は四つの埋葬空間(廂)に仕切られている。中廂内には青銅礼楽器を中心に、編鐘(目次写真参照)、編磬、建鼓の打楽器が鐘鼓の台座にかけられ、琴、排簫、笙などの管弦楽器が種類別にそろって、実際の演奏場面を彷彿させるように並べて置かれている。おそらく当時の祭儀を再現しているのであろう。

これと隣接する西廂内には多彩な陪葬漆棺13基がいっぱいに詰められ、被葬者はいずれも若い女性で、楽器演奏の担い手だろうと想定できる。

木槨の東廂は被葬者「曾侯乙」の永眠す

る空間で、精美かつ豪華な漆絵を施した大型の銅枠木槨と木棺がセットされ、中に金器や玉器などの装身具で身をまとった男性の人骨（身長1.65m、45歳前後）が発見された。その周りには彩漆を施した高杯、弦楽器の琴、盾や複数の衣装箱などの他、犬の棺、また八つの若い女性の陪葬漆棺が横に並んでいた。

さらに、木槨の北廂からは甲冑、漆塗りの馬車、馬甲と馬冑、武器および文字が書かれた竹簡が数多く出土した。また重さ300kgの青銅尊を含む青銅酒器も数多く出土したことから、ここは貯蔵倉庫であったと思われる。

金属器の他、華麗な漆器や絹、麻織物および漆棺や漆箱に多彩に描かれた北斗七星図、地下・天上に行き来する神人怪獣、青龍白虎の絵画と造形、または青銅器銘文（金文）や竹簡文字などがじつに豊富である。これら過去に類例のないめずらしい品々は戦国楚の地域文化を知るうえで大変重要な資料である。

この曾侯乙墓の副葬品は、武漢市にある湖北省博物館での保存処理を経て一括して収蔵・保管され、館内の特別展示室に展示されている。一方、埋葬施設自体は調査地の随州市郊外で自然保護されている。そこへ足を運んでみれば、曾侯乙墓の巨大な地下空間の迫力が実感できる。

<棗陽九連墩楚墓>（地p.115）

2002年秋、湖北省高速道路の工事に伴う調査で棗陽市南約20km、呉店鎮趙湖村西の九連墩に、2基の大型墓とそれに付設された車馬坑が発掘され、戦国時代後期の楚の墓であることが明らかになった。

南北3kmに延びる大洪山余脈の丘陵台地に、この2基も含めて合計9基の戦国期大型墳墓が一列に配されており、九連墩の地名もこれに由来する。これら大型楚墓の南側に滾河が東から西へ流れている。

発掘された2基の大墓は小高い丘の上に南北18mの間隔で東向きで並列して造られ、南側にある1号墓は北側の2号墓よりやや大きい。両大墓はともに高い方墳の真下に傾斜墓道付の竪穴槨墓（長さ約35m、深さ約12m）を築き、それらを囲んだ版築城壁一部の存在も確認された。ほぼ正方形の大型木槨は一辺7～8m、棺廂を中心に四つの副葬品廂が対称的に配されている。墓壙西壁の外側約25mの所に、それぞれ大型の車馬陪葬坑が付設されている。この1、2号車馬坑の中には33台と7台の車が並び、車体の下に引き馬が72頭と16頭が整然と置かれてあった。

両大墓の副葬品はほぼ同じ内容で、棺廂に銅剣や圭、璧、玦、璜、管など精美な玉器があり、他の各廂から用途別に分けて納められた青銅礼器、楽器、兵器、車馬器、漆木器、竹簡など、多岐にわたる。1号墓の竹木製車や彩絵弩機、蓮花座豆（高杯）はめずらしいもので、漆絵や文字を描いた竹簡も多量に出土した。2号墓にも精美な玉器の他、木製礼器や案、机、俎、壺、虎座鳥形鼓架などの漆木製品が多い。この両墓から出土した楽器は、7種類90点以上を超え、中国音楽史上の空白を埋めるもので、輝かしい楚文化の一端を物語っている。

今、九連墩楚墓の副葬品は湖北省博物館で保存処理・修復の作業中で、近いうちに建設中の新館開館時において目にふれることができる。

統一帝国の文化を訪ねて

秦の天下統一後、中央の統制が強化し、地方諸侯の自主権は奪われたが、それでも諸侯らの「地方文化」は各地で展開していた。馬王堆にみる長沙国家老の墓の豪華な出土品からもその一端を感じることができよう。

漢滅亡以降の江南の諸王朝は、いずれも今の南京を都とし、六朝文化が華開いた。

また漢代に閩越・南越とよばれた中国南部も三国時代には「蜀」の領域に組み込まれていった。

広州市街

＜広州南越国の官署宮苑遺跡＞
(地 p.115, 136)

秦の名将趙佗らは統一の軍を率いて嶺南地域へ進出し、秦帝国の領域として抑え、南海、桂林、象の3郡を設置した。紀元前203年に秦が滅んだあと、趙佗が南越国を創り、番禺(今の広州市)に都を定め、初代の南越武王と自称した。この南越政権は紀元前111年に漢の武帝の派兵により滅ぼされるまで5代の王に継がれ、93年間続いた。

南越国は百越文化や漢文化など多様な要素を含んだ嶺南文化を生み、また、海を介在した東西交易の窓口としての役割を果たした。現在の広州市街地に点在する南越国の宮苑・官署の調査や王墓の発見は、幻の南越王国の面影を蘇らせている。

〈官署建築址〉

南越国時代の磚、切石敷の道路は、秦代造船工場の木材加工遺跡の上に発見され、路面に炭や焼土の堆積、大量な瓦の破片が散乱していた。その中に「万歳」の2文字が印刻された瓦当があり、大型建築址の雨落ち溝も発掘された。これら建築址は格式の高い官署遺跡と推定される。

〈王室宮苑遺跡〉

官署建築址の北東20m余り、人工造営の苑池遺跡が確認された。この石造の苑池は面積約4000㎡あり、石造の八稜柱、欄干、門や井戸、軒平・軒丸瓦、「万歳」瓦当などが数多く出土した。池の南壁石板に古代広州の名称「蕃」(番禺の略称)の篆書文字が大きく刻まれ、南越国の番禺城を認定する有力な証拠である。2003年には井戸の中から100余枚の木簡を発見した。

池の南には木造の暗渠が設けられ、切石で造った石渠へとつながっている。この石渠は北から南へ左右湾曲しており、石渠の東端は南北幅7.9mの新月をかたどった池につながっている。もともと、この池の上に亭・台のような施設があったらしく、池の中から八稜石柱や板石などの建材が多数出土した。一方、曲水石渠の西端には水の流量を調整する水門があり、石渠の西曲り角には石造の小橋が架けられ、小橋の西側

に建築の廊跡も残されていた。

　曲水石渠の底部からは果実や葉の残骸、また新月池の底部堆積土からも亀やスッポンの遺骸が出土したため、ここはかつて観賞用の植物栽培や養殖動物が生存したことが確認された。これらのことから、曲水石渠遺跡には亭・台・廊が点在し、建物の間に小橋が架けられ、流水が花と緑に包まれて湾曲して流れている光景が浮かび上がる。こうした人工の借景手法で、宮殿建築の中に自然界の動植物とふれ合う空間を造っている。2200年ほど前のこの造園技術は、すでに高いレベルに達しており、これは中国園林芸術の原点ともいえる。

〈木造の堰と取水装置〉

　官署遺跡の南西500m、珠江の北岸にある広州市老城区の光明広場ビルの建設現場で南越国時代の堰（せき）や水門、水槽からなる取水装置が発掘された。ここは珠江に流れている水を合理的に利用するため、それにつながる水槽を造り、進水・排水や水の流量を制御していた。

　遺跡の保存と経済開発の間でゆれる市政府は、商業ビルの中に遺跡博物館を建てる方策を固めており、近いうちに世界最古の木造堰と取水装置を鑑賞することができるだろう。

＜南越王墓＞ (地p.115, 136)

　広州市街地の象崗山（しょうこうざん）に南越王の墓がある。砂岩の切石で造った石室は前・後室を中心に左・右・後ろの側室からなり、全長10.9m、幅12.5mで、石室門扉や壁に描かれた壁画が一部残されている。この石室は未盗掘で、玄室内外から出土した精美・豪華な副葬品は1000点(組)余りにのぼる。

広州南越王墓

被葬者は絹糸で綴り合わされた玉衣をまとい、金、銀、玉、銅、ガラス製の装身具や漆塗りの小箱、角形の玉杯および10本の鉄剣（最長1.5m）が身の周りに置かれていた。その中からは「文帝行璽」の龍鈕金印（りゅうちゅう）、「趙昧」（ちょうばつ）の玉印など9点の印章が出土し、被葬者は「文帝」（ぶんてい）と僭称（せんしょう）した第2代の南越王趙昧と推定される。

　この南越王の副葬品は青銅礼器や飲食器、精美な玉器を中心に、漆木製の大型屏風、金象嵌（ぞうがん）の虎文銅節、最大の絵画銅鏡（径41cm）、織物の印花模型、大工の鉄工具セットといっためずらしい品物の他に、銀盒（こう）やガラス器、象牙、香料など海外からの輸入品も数多く含まれている。石室から「夫人」を含む11体の女性人骨が見つかっており、その半分以上が、副葬品を持って手厚く葬られていることから、生前の南越文王の身近にいた人物であろうと思われる。

長江流域 | 137

現在、広州市象崗山の漢南越王墓博物館で、南越王の豊かな副葬品の数々を鑑賞できるとともに、元の位置に保存されている南越王の玄室内へ足を踏み入れて見学することもできる。

<長沙馬王堆漢墓> (地p.115)

1972〜74年、湖南省長沙市の東の郊外約8kmの五里牌村に、方墳を持つ3基の竪穴槨墓が発掘された。盗掘に遭った2号墓を除いて、密封・防腐に徹して造られたため、棺槨や副葬品の保存状態が極めて良好である。盗掘された2号墓の残存品から「長沙丞相」「軑侯之印」「利蒼」を刻んだ文字印章が検出され、前漢の長沙国丞相「利蒼」の家族墓地であることがわかった。

1号墓の被葬者は50代の女性で、長沙丞相「利蒼」の夫人「辛追」とみなされる。その足元に配置されていた3号墓の被葬者は30代の男性で、長沙丞相夫婦の息子にあたる人物であろう。この槨内から紀年銘のある木牘が検出され、3号墓の埋葬時期は前漢の文帝12（前168）年前後と推定された。

馬王堆3基の大墓構造は基本的に一致しており、1号墓の木槨は長さ7.6m、幅6.7m、高さ3.8mの大型構造で、中央にある棺廂には朱漆・黒漆塗りや彩絵を施した大小三重の木棺が置かれ、被葬者が何枚もの綿、絹、錦の衣服衾被に包まれ、手厚く葬られていた。様々な副葬品を種類別に分けて棺廂を囲む四つの側廂に入れてあり、槨の外周に山椒や炭、粘土をぎっしりと詰め込んで密封された。そのため、2150年以上の歳月がたったにもかかわらず、肉体弾力や肌色、毛髪、各生理器官などがよく遺され、現代医学の生理解剖によって、被葬者は心筋梗塞による突然死だったことさえ判明し、世界中からも注目をあびた。

出土した副葬品はおおむね1墓につき1000点以上を超え、陶器、金属兵器、楽器、竹木漆器、木俑、また食品類、薬材、絹、麻類の衣装など様々で、みな埋葬時の状態を保ったまま出土した。内棺の蓋にかけられた「T」字形の旌幡帛画は、全長約2mで、死者の魂を導いて天に昇る構図が入念に描かれていた。3号墓の竹簡「遣策」（副葬品リスト）に記された内容と、実際に出土されたものとはほぼ合致するが、リストに記され、実物として存在しなかった車馬騎兵や舞楽、儀礼行列は槨の内壁に貼りつけた帛画に実物のように描かれている。また、『周易』『老子』『黄帝四経』『篆書陰陽五行』『天文気象雑占』『五十二病方』『導引図』『駐軍図』など出土した大量の帛書

長沙馬王堆漢墓発掘風景

もその後解読され、いずれも史料価値の高いものである。

馬王堆漢墓の資料は湖南省博物館で収蔵・保管され、漢の郡国文化を物語る品々は館内ですべて公開している。一定の温度、湿度を保った施設の中に眠っている丞相夫人との対面もでき、2150年余りという歴史の奥深さを実感できる。

＜里耶古城および出土秦簡＞ (地p.114)

湖南省湘西武陵山区の龍山県里耶鎮には戦国楚の時代に築かれ、秦漢時代まで修築・使用され続けた里耶古城がある。古城の面積は約2万㎡、その四周には川原石積みの城壁があり、外周に護城の濠が整備されていた。古城の東側は酉水が流れ、この自然河川を利用した東濠を除き、他の三面はみな人工造営の濠となっている。

2002年、里耶古城内の地表下3mの所で、戦国末〜秦代に利用され、漢初に廃棄された1号古井戸が見つかった。径4m、深さ16.3mの板張りの古井戸の中から3万6000枚に及ぶ貴重な簡牘資料が見つかった。この資料中、解読できた漢字はおよそ十数万字にも達する。紀年銘のある簡牘は「秦の始皇帝二十六年〜三十七年」「秦二世の元年、二年」に続き、年号順に明瞭に記録されている。簡牘に記載された内容のほとんどは、各地方政府間の往来文書、政令、司法文書や部品リスト、転送、駅伝、軍事、暦術など、いわば里耶古城に所在する秦の遷陵県の官署文書に相当する。これまで知られていない官名や地名を認識するうえで大変注目されている。

現在、里耶秦簡の一部は湖南省文物考古所の収蔵庫にあり、秦簡資料の整理・撮影・保存などの作業については、すでに湖北省荊州博物館に委託している。一般公開の時期と場所は現在検討中である。

＜長沙走馬楼簡牘＞

[走馬楼呉簡] 1996年、湖南省長沙市街区の五一広場走馬楼の建築工事現場から古井戸がいくつか発掘された。その中の22号古井戸の中から大変めずらしい三国呉の簡牘が大量に出土し、世間を驚かせた。以来、歴史考古学者や古文字学の専門家らによる長沙走馬楼呉簡の整理作業は10年近くかけて懸命に進められ、総数17万枚に達する三国呉簡のうち、12万枚は保存・整理され、簡牘の一部の内容は解読され、報告書も出された。残りの5万枚は今なお泥につけたまま、長沙市博物館の収蔵庫に眠っている。

現時点で解読された長沙走馬楼三国呉簡の

長沙出土木簡

文字を見ると、社会生活や土地・納税制度に関わる記載内容が多い。現在、長沙市博物館の常設展には三国呉簡の展示コーナーを設けており、国と湖南省、長沙市の共同出資による史上初の簡牘テーマ館「呉簡博物館」も建てられている。

[走馬楼漢簡] 2003年秋、同じく長沙市走馬楼で三国呉簡出土地より直線距離で95m離れた所から、8号古井戸が新たに発掘された。この中から、成熟した隷書の文字で書かれた漢代簡牘が1万枚余り出土され、ふたたび話題をよんだ。現在までに、100枚余りが整理された。みな竹製で長さ46cmと23cmの二種類に分かれ、内容は漢

徐州博物館

李銀徳
(徐州博物館館長)

徐州博物館は風光明媚な雲龍山の北麓にあり、陳列館、乾隆帝の行宮と碑園、土山漢墓の三大展示区域からなっています。敷地面積は約3万m²です。

乾隆帝行宮は清の高宗乾隆帝弘歴が南巡の途中滞在した徐州の行宮です。行宮と碑園には「唐使院石幢」「宋代八音石」および岳飛による「前後出師表」、蘇東坡による「前後赤壁賦」など有名な碑刻80点余りがあります。園内の水榭亭は墨の香りが漂っています。

土山漢墓は周囲約200m、高さ18mの墳丘で二つの墓室があります。1号墓からは銀縷玉衣や鎏金獣形硯など貴重な文物が出土しました。北魏の酈道元『水経注』などによると、西楚の覇王項羽の策士范増の墓とされていますが、考証の結果、後漢時期の彭城王の妻の墓であることが判明しました。2号墓は墳丘の中央にあり、黄腸石を使い、規模も非常に大きいことから、彭城王の墓とみられています。土山漢墓の出土品は当館に展示されています。

徐州博物館は、「古彭の宝(古代彭城の秘宝)」「俑偶華彩(陶俑の輝き)」「清式家具(清朝式の家具)」「鄧永清寄贈明清書画」などの

徐州博物館外観

の武帝期の中央と地方政府間の官署行政文書類がほとんどで、起訴、探偵、審判記録などの司法文書が多い。それらの簡牘内容は武帝時期の郡国区画、官職設置、法律改革などを研究するうえで大変重要な資料を提供してくれる。

　三国呉簡の大量出土に続き、ごく近い地点から漢代簡牘も大量に発見されたことは極めてめずらしい。長沙走馬楼はまさに漢・三国時代の文書宝庫といえよう。

＜徐州前漢楚王墓＞ (地p.115)

　前漢期の大国楚は現在の江蘇省徐州市の地を中心に発展・繁栄し、中央政権に対抗

常設展示があります。

　「古彭の宝」は徐州博物館のメインの展示で、「徐淮初曦（徐州淮水の日の出）」「漢室遺珍（漢王室の遺産）」「史河流韵（歴史の流れの調べ）」の三部門に分かれる五つの展示室からなり、各種文物の珍品1000点近くが展示されています。例えば、邳州大墩子出土の新石器時代の彩陶、新沂花庁遺跡から出土した良渚玉器、邳州戴庄戦国墓出土の銅器、南北朝時期の磁器、北宋雪山寺などで出土した紀年銅楽器、明清官窯磁器などです。徐州における近年の考古学的発掘の新成果として楚王（彭城王）や列侯の陵墓出土の金銀、銅、鉄、玉石器および楚王の浴室、厠など、また楚王や列侯が使用した腰帯金扣（ベルトの黄金のバックル）、楚王の銀製と鎏金の浴具のセットなどを展示しています。

　「天工漢玉（自然の贈り物たる漢の玉）」のコーナーでは、玉製の棺、銀縷玉衣、玉製のマスク、玉枕などの葬玉、玉卮（玉杯）、玉高足杯、玉耳杯など玉の酒器類一揃い、S形龍、連体龍、とぐろを巻いた龍、飛龍など様々な造形の龍形の玉佩、玉戈、玉鉞などの玉製兵器、玉豹、玉熊など玉彫の動物、各種の玉製剣飾、璧、璜、瑗などさまざまな玉製礼器が展示されています。これは我が国で現在唯一の漢玉の常設展覧です。

　「陶俑の輝き」のコーナーには、徐州で出土した前漢から宋代までの陶俑が並んでいます。漢代の楽舞俑、彩色儀杖兵の俑、「飛騎」兵馬俑、北朝門吏俑、彩色女立俑、唐代三彩俑、そして宋代の横たわる老女の俑など様々な造形を楽しむことができます。色彩も鮮やかで、各時代や地域の特色がそれぞれよく現れています。

　この他、芸術展示ホールでは考古学調査により新たに発見された出土品の展示や特別展がおこなわれています。

金印と帯金具

楚王棺

長江流域

徐州前漢楚王墓

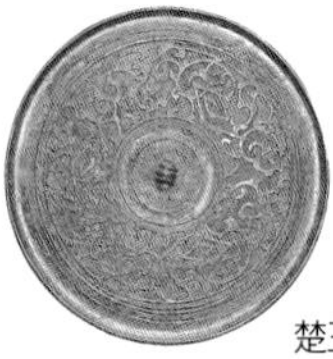

楚王墓出土鏡

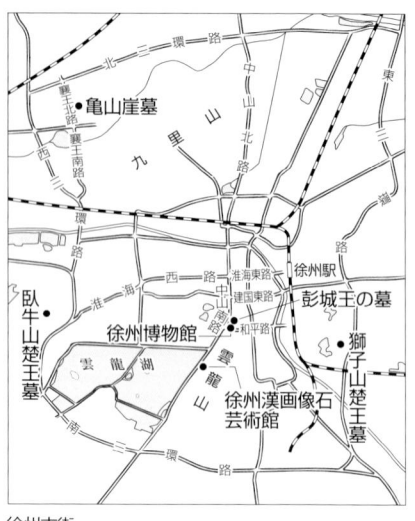

徐州市街

できるほど富と勢力を蓄え、「呉楚の乱」まで起こした。徐州市内と郊外に造営された前漢8代の楚王墓はこの楚国文化の真相を解明する重要な手がかりである。

 8代の楚王墓はいずれも、標高100m前後の丘陵の中腹に岩盤をくりぬいて造られた通常「崖墓」とよばれる墓である。

 初代の楚王墓は、徐州市中心部から西へ10kmほど離れた銅山県夾河郷の楚王山にあり、主体部は未発掘だが、山の頂上に版築方墳がある。そのふもとに陪葬墓が5基あり、墳丘下部に護石の存在も確認された。王墓に最も近いものは前方後方墳である。

 徐州市内にある獅子山楚王墓は全長117m、最大幅13.2m、合計12室からなる巨大な横穴室墓で、その周りに陶製ミニチュアの兵馬俑坑や陪葬墓も計画的に配されて

いる。これと時期的に近い、玄室の空間配置も相似する楚王崖墓も相次いで郊外の駞藍山、北洞山で発掘された。いずれも祭祀前堂と後棺室を中心に墓道と羨道の左右に複数の側室が中軸線沿いに配置され、中に実物大の井戸、厠なども多数しつらえられている。

 市内の亀山崖墓は複雑な多室構成で、「劉注」と刻んだ亀鈕銀印が検出され、被葬者は前漢中期の6代目楚王劉注だったことがわかった。

 郊外の東洞山、南洞山では前漢後期の楚王崖墓が発掘された。前代の楚王崖墓プランを受け継いでいるが、省略・単純化する傾向がめだつ。

 これらの楚王墓はみな何度も盗掘されたにもかかわらず、残された副葬品には金銀器、玉石器、車馬器や青銅器、鉄製の武器・武具、陶器、貨幣、印章および舞楽陶俑、彩絵兵馬俑など、多種多様、極めて精美なものがある。

現在、獅子山、北洞山、亀山楚王墓が保存・整備を経て楚王墓博物館として開設され、楚王の巨大な地下世界を体感することができる。また、市内雲龍山のふもとに新築開館した徐州博物館で、出土した楚王の豪華な遺物が展示・公開され、漢の楚国の雄姿を蘇らせている。

<高郵県神居山広陵王墓> (地p.115)

　江蘇省高郵県にある神居山(天山)という死火山の噴火口付近に、2基の版築方墳を持つ漢代大墓が東西に並んで造られた。墳墓の周辺に磚や瓦など建材が散乱しており、陵園施設の存在も想定される。

　1号墓の地下施設は全長16.7m、幅14.3m、高さ約4mの回廊型木室である。祭祀と埋葬の空間を中心に二重の回廊で囲まれ、一定規格の角材を頭揃いで積み上げ、いわば「黄腸題湊」という特殊な壁の構造である。玄門の外側には車馬が埋められていた。

　ほぼ同構造の2号墓からは「広陵私府」の封泥や「六十二年八月」との墨書題記が検出され、両大墓の被葬者は紀元前117～53年の在位が記録された広陵王劉胥とその夫人である可能性が高い。両墓ともに盗掘されたが、木器、青銅器、玉器、漆器、鉄器など残存した副葬品もあり、木彫漆器や銅鏡は極めて精巧なものである。

　1号墳、2号墳とも、大型木造玄室は揚州市北の蜀崗痩西湖の象鼻橋東崗に移築され、揚州漢墓博物館として開館した。

<徐州漢画像石> (地p.115, 142)

　江蘇省徐州市とその周辺は、漢の高祖劉邦の故郷に近く、前漢に劉氏の諸侯大国の楚地に封じられた地である。後漢時代には彭城国と称し漢帝国の皇親一族・大地主・大商人の集中した地であった。これら豪奢な王国文化の光彩を描き出したのが徐州漢画像石である。

　これまで、徐州市内外で発掘された前漢後期～後漢後期の画像石墓30カ所余りを集め、採集品を含めて計500点以上の画像石をもって、市内の雲龍湖畔にて徐州漢画像石芸術館が開館した。これら画像石の彫刻技法は浮彫り、円彫り、浅彫りや線刻など、多種の技法を併用し、1枚の切石で一つの構図を描くものもあれば、数枚の切石をセットにし、描写主題を中心に組み合わせた図案もある。それぞれ石槨、玄室、祠堂の各空間で適所に飾られたものである。

徐州漢画像石

長江流域 | 143

南京市街とその周辺

　石槨の内・外壁は紐帯をとおす壁や人物などの単体文様、玄室の門扉は神霊、怪獣など魔除けの図柄、室内の側壁は車馬出行、庖厨宴飲、歌舞雑技、祭祀儀礼、歴史典故、農作業、牛耕、紡績など、漢人の生産と生活の諸場面が描かれている。また、天井部には神話伝説、羽人異獣、乗龍飛天、九頭鳥、崑崙昇仙などの描写が多く見られる。さらに墓上祠堂の側壁や屋根裏に車馬送迎、神人異獣、供献祭祀などの図案が綿密に刻まれている。

　一方、玄室と墓前小祠堂内の画像石がみごとに遺されている好例は、徐州市北東25kmの青山泉鎮白集村にある後漢貴族墓で、門や柱、室壁一面に豊富な画像題材をたくみな技法で描き、まるで漢代の社会生活を映した絵巻のようである。近年、地方政府による墓全体の保存・修復の整備工事が終わり、白集漢墓陳列館が開設した。「漢画像石廊」にこれらの画像石を並べて展示している。

＜南京鐘山の六朝祭壇＞ (地p.115, 144)

　宋・斉・梁・陳といった南朝の各王朝は、ともに都建康城を現在の南京市においた。それに関わる都城と陵墓の建造物は南京付近に存在する。

　1999年に南京市街地の東にある鐘山主

南京　紫霞湖

南朝陵墓へ上がる道と石刻

峰の南麓に発掘された六朝劉宋時代の皇室祭壇がその代表例である。

遺跡は鐘山南麓の斜面に2基の大型祭壇が北高南低の形に造られている。北側の2号祭壇は一辺約22m、高さ約7.9mで、正方形に近い。南側の1号祭壇はほぼ同じ形態をとるが、祭壇の頂上に四つの方形盛土台（どだい）が中軸線で対称的に配置されている。二大祭壇の東・西・南三面には1段の高さが1〜4mと不均等な階段が5段ついていて、段ごとに護石が貼りつけられ、祭壇を強化している。頂上壇面と底部壁の高低差は11.2mに達する。祭壇南の中部に長さ20m、幅5mの板石敷の階段道路があり、ここが祭壇を登る唯一の通路となっている。

一方、1号祭壇の南斜面に祭壇の付属建築址らしい遺構が存在し、その周りに六朝期の磚、瓦、蓮華文瓦当が散在し、また青磁壺、碗、鉢の破片や蓮華文を刻んだ石製台座（そうじょ）も出土した。『宋書』『建康実録（けんこうじつろく）』によれば、劉宋の大明（だいめい）3（459）年に本来、建康城内にある北郊壇を鐘山に移築したという。二つの祭壇の立地、または祭壇頂上にある盛土の配置からみると、六朝時代の劉宋皇室らが大地を祀った北郊壇である可能性が極めて高い。秀麗な鐘山を背景にしたこの祭壇の存在感は抜群である。

＜南朝陵墓と石刻＞ （Hldp.115, 144）

南京市建康城遺跡の北東にある棲霞山（せいかさん）の西、その周辺の霊山（れいざん）や大連山（だいれんざん）付近、および句容県（くようけん）、丹陽（たんよう）周辺の丘陵台地に、歴代の南朝皇帝や王侯貴族らの陵墓が分布している。これまで確認されたものはすでに30基以上あり、墓前に立てられた石柱状の建造物（華表（かひょう））や石碑表面に銘刻された題字より、被葬者がわかるケースも少なくない。

南朝陵墓は一般に小高い丘陵台地を選び、自然地形を利用して墓域を設ける。谷の開口部に神門を置き、谷奥の傾斜地に磚造の横穴玄室があり、その間は長さ500〜1000mの神道で結ばれ、一定の場所に大型の石彫像が立っている。地下の玄室構造は天体を模した穹窿頂（きゅうりゅうちょう）が特徴で、四面の側壁も蓮華文や獅子文を施す画像磚で飾られ、円形の墳丘は磚室の真上に築かれている。

南朝陵墓の神道石彫群像の中で、現地で保存状態が最も良い例は梁文帝蕭順（しょうじゅん）の建陵（けんりょう）である。玄室に向かって石獣、石華表、石碑が各一対配置されている。ここの石獣は、

長江流域 | 145

いずれも有翼の神獣だが、帝陵の石獣は角を持ち、麒麟(一つの角)ないし天禄(二つの角)とよばれるが、王侯墓の石獣は角の表現がなく、獅子のような姿で、一般に辟邪とよばれる。南朝の帝王陵墓の石彫像は、南朝芸術の柔と剛を色濃く表したもので、やがて唐代以降の歴代の帝王陵墓にも受け継がれたが、石彫像は形式化されていった。

滇文化の古跡を訪ねて

戦国期～後漢前期にかけて、中国西南の雲南省滇池を中心に高度な発達をとげた青銅文化—滇文化が興起した。

＜滇王国と石寨山遺跡＞ (地 p.114, 146)

青銅器時代の西南夷とよばれる地域では氐羌、百越、百濮の三大族が分布しており、雲南中部あたりはかつて彼らの活動の中心域となっていた。甲骨文や文献の記載によれば、氐羌族はここから豊富な銅の原料を蜀、商王朝に輸出し、また青銅冶金の技術を持っていたという。近年、考古学調査が着実に進み、深い謎に包まれた滇王国と滇文化の真の姿が徐々に蘇った。

滇池北西の羊甫頭、天子廟、子君村、小松山、石碑村などでかなりの規模を持つ滇王国早期の墓が発掘された。木槨を持つ大墓も少なくない。出土した遺物の多くは多様な農工具、生活陶器、銅鼓や兵器類が特徴で、経済的基盤は農業生産を中心に狩猟・採集もかねていた。滇文化の造形文様は独特で、銅鼓、兵器、工具、漆木器などの表面に太陽文や蛇・牛・虎やトーテム・ポール、および鳥首や羽人などが刻まれている。他には男根の彫刻や巫女、仮面をか

ぶった鬼神の彫像もあり、太陽神崇拝、生殖崇拝ないし祖先崇拝の祭祀儀式に使われていたものであろう。

前漢時代、滇王国の中心は滇池南西に遷り、滇文化の繁栄期を迎えた。雲南省晋寧県晋城郷西南にある石寨山の滇国墓地で「滇王之印」と刻んだ蛇鈕を持つ金印が出土し、その周りに滇王一族とその臣従らの墓が計50基発掘された。地域色のあふれる銅鼓、貯貝器、楽器、工具、兵器、土器、貨幣、玉石装飾品など、滇人の農業生産、紡績、牧畜、狩猟、戦争、舞踊、祭祀などの場面を如実に映し出すものが多く、他には漢式銅器や鉄器も存在する。

現在、石寨山遺跡が整備・公開されており、昆明市にある雲南省博物館では出土品の数々を鑑賞することができる。そこを訪ねると滇文化の実像をうかがい知ることができる。

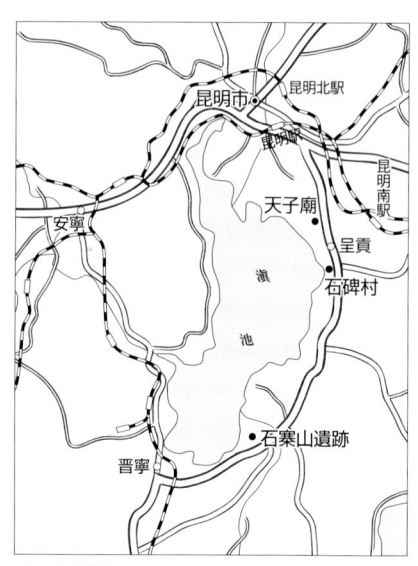

石寨山遺跡周辺

■参考文献

夏鼐著、小南一郎訳『中国文明の起源』NHKブックス　1984
蘇秉琦著、張明声訳『新探中国文明の起源』言叢社　2004
林巳奈夫『中国文明の誕生』吉川弘文館　1995
張光直著、小南一郎・間瀬収芳訳『中国古代文明の形成』平凡社　2000
鶴間和幸・NHKスペシャル「四大文明」プロジェクト編『四大文明［中国］』日本放送出版協会　2000
稲畑耕一郎監修・劉煒編『図説中国文明史4　秦漢　雄偉なる文明』創元社　2005
宮本一夫『中国の歴史1　神話から歴史へ　神話時代夏王朝』講談社　2005
平勢隆郎『中国の歴史2　都市国家から中華へ　殷周春秋戦国』講談社　2005
鶴間和幸『中国の歴史3　ファーストエンペラーの遺産　秦漢帝国』講談社　2004
川本芳昭『中国の歴史4　中華の崩壊と拡大　魏晋南北朝』講談社　2005
氣賀澤保規『中国の歴史5　絢爛たる世界帝国　隋唐時代』講談社　2005
尾形勇ほか『中国の歴史12　日本にとって中国とは何か』講談社　2005
西嶋定生『東アジア世界と日本』（西嶋定生 東アジア論集　第4巻）岩波書店　2002
楊寬著、西嶋定生監訳、尾形勇・太田侑子共訳『中国皇帝陵の起源と変遷』学生社　1981
劉慶柱・李毓芳著、来村多加史訳『前漢皇帝陵の研究』学生社　1991
黄曉芬『中国古代葬制の伝統と変革』勉誠出版　2000
鶴間和幸『秦始皇帝陵と兵馬俑』講談社学術文庫　2004
足立喜六『長安史蹟の研究』東洋文庫論叢 20-1　1933
佐藤武敏『長安』近藤出版社　1971（講談社学術文庫　2004）
妹尾達彦『長安の都市計画』講談社　2001
『アジア遊学20　黄土高原の自然環境と漢唐長安城』勉誠出版　2000
ジェルネ・羅哲文ほか著、日比野丈夫監訳、田島淳訳『万里の長城』河出書房新社　1984
渡部武『画像が語る中国の古代』平凡社　1991
信立祥『中国漢代画像石の研究』同成社　1996
羅二虎著、渡部武訳『中国漢代の画像と画像石』慶友社　2002
高浜秀・岡村秀典編『世界美術大全集東洋編1　先史・殷・周』小学館　2000
曽布川寛・谷豊信編『世界美術大全集東洋編2　秦・漢』小学館　1998
曽布川寛・岡田健編『世界美術大全集東洋編3　三国・南北朝』小学館　2000
百橋明穂編『世界美術大全集東洋編4　隋・唐』小学館　1997
『中国世界遺産の旅』全4巻、1北京・河北・東北（石橋崇雄編）、2中原とシルクロード（鶴間和幸編）、
　　3四川・雲南・チベット（工藤元男編）、4長江流域（武内房司編）、講談社　2005

■索引

●ア行

阿房宮（遺跡）	34
安伽墓	44
尉遅敬徳墓	63
懿徳太子墓	64,65
殷墟	13,70,74-77,92
殷墟博物苑、婦好墓	76,77
印山越王陵博物館	130
印山大墓（越王墓）	16,128,129
尉遅寺環濠集落遺跡	122
雲崗石窟	104,106
雲南省博物館	146
永固陵	96,102,103
永泰公主墓	64,65
永寧寺（遺跡）	80,84,101
燕下都遺跡	94
偃師商城、偃師商城博物館	70,73,74
偃師二里頭（遺跡）	14,72,73
洹北商城	70,74,75
王羲之故居	100
王城崗	14
応城門板湾環濠集落遺跡	121
応天門遺跡	86

●カ行

霍去病墓	47
虢国大墓	78
虢国博物館	78
角抵塚	112
下古城子土城	111
華清宮（遺跡）	52,53,60
河北省博物館	95
河姆渡遺跡	12,116
含嘉倉城	86,87
含元殿（長安城）	23,48-51
桓仁高句麗遺跡	110
丸都（山）城	111,112
漢南越王墓博物館	138
咸陽宮遺址博物館	34
咸陽宮遺跡	33,34
漢陽陵博物苑	46
亀山崖墓	142,143
沂南画像石墓	99
紀南城（楚）	130-133
牛河梁遺跡	107,108
九女台	94
九連墩楚墓	133,135
姜寨遺跡	26,28
姜女石	109
鄴城遺跡	96,100,101
居延甲渠候官	67,68
玉蟾岩（洞穴）遺跡	113

玉門関	66
虚糧塚	94
金沙遺跡	125
金庸城	79,80
景陵（北魏宣武帝）	84,85
碣石宮	109
建康城遺跡	145
肩水金関	68
献陵	60
乾陵	63-65
建陵	145
乾陵博物館	65
公王嶺遺跡	26,27
侯家荘西北崗	76
甲渠第四燧	67,68
高句麗遺跡→集安高句麗遺跡、桓仁高句麗遺跡	
鎬京	30,77
藁城台西遺跡	92
好太王碑	111,112
興隆溝遺跡	107
興隆窪遺跡	107
広陵王墓	143
呉王大墓（蘇州真山）	128
五盔墳4・5号墓	112
黒山頭遺跡	109
国内城（高句麗）	111
五女山城	110
虎頭梁遺跡群	88,89
湖南省博物館	139
湖北省荊州博物館	139
湖北省博物館	132,134,135

●サ行

山西省博物館	106
三星堆（古城）遺跡、三星堆博物館	14,123-125
柿園漢墓	81
始皇帝陵（酈山陵）	35-39,54,109
磁山遺跡	88,90
獅子山楚王墓	142,143
七級寺遺跡	106
司馬遷墓	47
集安高句麗遺跡	111
集安市博物館	111
周原遺跡	8,29,30
周原博物館	30
周口店、周口店北京原人遺跡	10,90
周口店北京原人展覧館	90
周公廟遺跡	30
朱封大墓	91
章懐太子墓	64,65
小雁塔	23,52
将軍塚（高句麗）	112
城子崖（龍山）遺跡	88,90,91
商代呉城遺跡	123
城頭山（古城）遺跡	118-120

148

上陽古城址	78
昭陵	61-63
荘陵	60
昭陵博物館	63
徐州漢画像石、徐州漢画像石芸術館	143
徐州博物館	19,140,141,143
徐水南荘頭遺跡	89
新沂花庁遺跡	141
秦公１号大墓、秦公１号墓遺跡博物館	31,32
晋侯墓地(天馬・曲村)	92,93
晋国古城(侯馬)	92
新城公主墓	63
新田都城遺跡	92
秦始皇兵馬俑博物館	36,37
西安碑林博物館(碑林石刻芸術館)	56,57,62
斉王墓(臨淄)	15,93,94
斉国古城(臨淄)	93,94
西山遺跡	70
青州市博物館	106
西周車馬坑陳列館	31
西明寺	48
青龍寺	23,48
靖陵	60,61
石家河古城遺跡	120
石寨山遺跡	146
洗硯池西晋墓	100
仙人洞遺跡	113
陝西歴史博物館	54,55,61
薦福寺	52
曾侯乙墓	132-135
宋紹祖墓	103
双乳山大墓	98
走馬楼簡牘	139
楚王墓(徐州、前漢)	19,141,142
楚王墓博物館	143

●タ行

太王陵(高句麗)	111,112
大雁塔	23,49,52,54
太原市博物館	103
大慈恩寺	49,52
大同市博物館	104
大葆台漢墓、大葆台漢墓博物館	96
大明宮(長安城)	45,48-51
大洋洲商代青銅器博物館	124
大洋洲商代大墓	123
打虎亭漢墓、打虎亭漢墓博物館	82
中山国王墓	94,95
長安城(漢)	22,40,41,45
長安城(隋唐)	48,96,101
長安城(唐)	22,45,49,50,52,53,86
趙王墓	95
趙国古城	95
長沙市博物館	139,140
張士貴墓	63

長城(漢)	66
長城(秦)	5
長清県文化館	99
長川１・２号墓	112
吊桶環遺跡	113
長楽公主墓	63
長陵	45
直道遺跡(秦)	32,33
陳家窩遺跡	26
鄭韓古城	78,79
鄭国王陵博物館	79
鄭国渠	35
鄭州商城	70,74,92
鉄板河古墓	67
滇国墓地	146
藤花落古城遺跡	122
東山嘴遺跡	107,108
陶寺遺跡	89,91
東台子遺跡	111
唐大明宮博物館	49
土山漢墓	140
都城博物館(洛陽)	86
杜陵	45
敦煌懸泉置	68
敦煌莫高窟(石窟)	68,69,106

●ナ行

南越王墓(広州)	137
南越国官署宮苑遺跡(広州)	136,137
南朝陵墓(南京)	145
南陽画像石墓	81
南陽漢画館	81,82
南陽市博物館	82
二里頭→偃師二里頭	

●ハ行

白集漢墓陳列館	144
白馬寺	83
馬圏溝遺跡	89
八十壋遺跡	116,119
莫角山遺跡	116,117
覇陵	45
反山遺跡	116,117
半坡遺跡	12,26,28,59
半坡遺址博物館	28
錨湾遺跡	109
馮君孺人墓	82
船形棺・独木棺墓葬(成都)	126
舞踊塚	112
兵馬俑(秦)	17,37,59
兵馬俑坑(秦)	36,37
兵馬俑陪葬坑(漢)	45,46
兵馬俑博物館→秦始皇兵馬俑博物館	
保安山梁王墓	81
灃京	29,30

索引 149

包山楚墓	130,131,133
望山楚墓群	133,134
彭頭山遺跡	116,119
芒碭山梁国王墓	80,81
法門寺、法門寺博物館	58,59
北魏貴族大墓（大同）	103
北斉壁画墓（太原）	105,106
北洞山楚王墓	143

●マ行

馬王堆漢墓	136,138,139
満城漢墓	96
万年堂	102,103
未央宮（長安城）	45
密県古城寨	71
茂陵	45-47
茂陵博物館	47

●ヤ行

楡林窟	68
楊家湾漢墓	46
陽関	66
瑤山遺跡	117
揚州漢墓博物館	143
耀州窯、耀州窯博物館	65
雍城（秦）	29,31,33
陽陵	42,43,45,46

●ラ行

洛荘漢墓	97
洛陽古墓博物館	82,83,85
洛陽市博物館	86
洛陽城（漢魏）	79,80,83-85
洛陽城（北魏）	79,80,84
洛陽城（隋唐）	85,86
洛陽東周王城	77
六朝祭壇（南京）	144
酈山陵→始皇帝陵	
李靖墓	63
李勣墓	63
李貞墓	63
李鳳墓	63
里耶古城	139
龍興寺（遺跡）	20,106
龍山遺跡→城子崖遺跡	
龍門石窟	21,87,106
良渚遺跡群	12,116
良渚文化博物館	118
臨沂市博物館	100
麟徳殿（長安城）	23,48,49
霊寿城遺跡	95
老山漢墓	96
楼蘭古城	66,67
楼蘭壁画墓	67
楼蘭方城遺跡	67

●ワ行

匯観山遺跡	117
湾漳北朝大墓	101

執筆者紹介

鶴間　和幸　つるま　かずゆき
1950年生。東京教育大学文学部卒業。東京大学大学院人文科学研究科博士課程単位取得退学。博士（文学）。
現在、学習院大学文学部教授。
主要著書：『秦漢帝国へのアプローチ』(山川出版社1996)『始皇帝の地下帝国』(講談社2001)『秦の始皇帝　伝説と史実のはざま』(吉川弘文館2001)『始皇帝陵と兵馬俑』(講談社学術文庫2004)『中国の歴史3 ファーストエンペラーの遺産』(講談社2004)

黄　暁芬　Huang Xiao-fen（ホアン・シァオ フェン）
1957年生。(中国西安)西北大学歴史系卒業。京都大学大学院文学研究科博士課程修了。京都大学博士（文学）。
主要著書：『中国古代葬制の伝統と変革』(勉誠出版2000)『漢代的考古学研究』(中国岳麓書社2003)

図版所蔵一覧

CPC　　　2上、4上、4下、5、7、8、10、13、14上、16、19、22下、24、27、59上、59中、72上、72下、73、76上、76下、77、111右、128左、128右上、128右下、129下、130上、138、144、145左、145中、145右
鶴間和幸　2下、3上、9、12上、12下、14下、21、22下、28右、28左、32上、35、51上、51中、66上、66中、66下、69、104、124右、124左
黄　暁芬　3下右、3下左、15、17、20上、20下、29、37左、37右上、40、41、43、44、45、52、61、62、64上、64下左、64下右、71、74、78、79、80、81、82右、82左、83右、83左、84、85右、85左、86、88、89、94上、94下、98上、98中、98下、99右、99左、100右、100左、102上、102下、103、105、107、108、111左、112、117上、117下左、117下中、117下右、118、119下右、119上、129中、129下、137上、137下、139上、139下、140、141右、141左、142上、142中、142下、143左、143中、143右
湖南省文物考古研究所　119下右
湖北省文物考古研究所　121、130下、131、133
秦始皇兵馬俑博物館　36、37右下
西安碑林石刻芸術館　56上、56下、57
西安文物保存修復中心　32下、33右、33左
成都市文物考古研究所　25、127上、127下右、127下左
陝西省考古研究所　39右、39左、42
陝西歴史博物館　54、55上、55中、55下
中国社会科学院考古研究所　50、51下
法門寺博物館　58上、58下、59下

世界歴史の旅　中国古代文明

2006年8月 5 日　1版1刷　印刷
2006年8月10日　1版1刷　発行

著　者　鶴間和幸　黃　曉芬
発行者　野澤伸平
発行所　株式会社　山川出版社
　　　　〒101-0047　東京都千代田区内神田1-13-13
　　　　電話　03(3293)8131(営業)　8134(編集)
　　　　http://www.yamakawa.co.jp/
　　　　振替　00120-9-43993
印刷所　岡村印刷工業株式会社
製本所　株式会社手塚製本所
装　幀　菊地信義
本文レイアウト　佐藤裕久

©Kazuyuki Tsuruma, Hoan Xiaofen
2006 Printed in Japan　　　ISBN 4-634-63330-2
● 造本には十分注意しておりますが、万一、乱丁本などがご
　ざいましたら、小社営業部宛にお送りください。送料小社
　負担にてお取り替えいたします。
● 定価はカバーに表示してあります。